La musica è un tutto

UNIVERSALE
ECONOMICA
FELTRINELLI

Enrico Girardi (Milano, 1964), musicologo e critico musicale, insegna Storia della musica all'Università Cattolica di Milano; è critico musicale del "Corriere della Sera" e consulente per la musica contemporanea del canale televisivo Classica. Ha pubblicato numerosi saggi prevalentemente incentrati sulla musica moderna e contemporanea.

Occasioni

Etica ed estetica

Se oggi ho deciso di affrontare due argomenti così importanti, non è perché voglio isolarmi in una torre d'avorio e ignorare le preoccupazioni terra terra dell'esistenza umana; al contrario, è proprio perché questi due argomenti sono sempre stati della massima importanza nella mia vita, non solo nel fare musica o nel riflettere sulla musica, ma anche in svariati altri campi dell'esistenza. Ciò che mi preme evidenziare è il crescente divario, nella nostra società, tra pensiero artistico e pensiero fattuale, e come sia possibile, anzi urgente, tentare di colmarlo.

Uno degli obbiettivi raggiunti in pieno nel ventesimo secolo è l'asservimento e la parcellizzazione della conoscenza, altrimenti detta specializzazione. Amo descrivere questo fenomeno come la volontà di conoscere sempre più ciò che è sempre meno: una combinazione letale di conoscenza sempre più dettagliata applicata a un mondo sempre più ristretto. La specializzazione ci regala meravigliosi risultati nella scienza, nella medicina e nella tecnologia, ma allo stesso tempo produce una dissociazione tra idee e fatti organicamente collegati. L'esempio più calzante si riscontra in campo medico, dove l'origine di un problema spesso risiede in una parte del corpo diversa da quella esaminata.

Dalla musica ho imparato la lezione opposta, vale a dire

l'importanza di associare idee e ambiti di pensiero diversi. Un brano musicale è un tutto organico, dove ogni aspetto si relaziona all'altro. La musica non può essere smembrata nei suoi elementi costitutivi; non può esistere melodia senza ritmo, melodia senza armonia, armonia senza ritmo e così via. La vera essenza della musica è il contrappunto: un tema conversa simultaneamente con il suo opposto, oppure tollera commenti in simultanea. Nel fare musica, se un elemento si disconnette dagli altri, automaticamente viene meno l'idea di un tutto. Non appena questo tutto integrato svanisce, il pezzo non può più essere considerato musica nel senso più pieno e profondo del termine. Può ancora essere possibile creare momenti musicali di grande interesse, o persino belli, ma l'opera intesa come un tutto non possiederà quelle qualità di connessione, integrità e comprensione che fanno della musica un'importante e significativa espressione dell'esistenza umana.

Eseguire capolavori è il lavoro di una vita e comporta la responsabilità, direi quasi l'obbligo morale, di un'applicazione totale all'opera in questione. Può sembrare assurdo parlare di un'etica dell'esecuzione o persino della creazione artistica, quando siamo abituati ad associare la parola "etica" soprattutto all'ambito dei diritti umani, della ricerca medica o della filosofia. Nel mondo della medicina ci sono questioni che attengono senza ombra di dubbio alla sfera etica, come per esempio l'eutanasia o la ricerca con le cellule staminali. Può sembrare ardito, anzi ridicolo, immaginare che possa esserci un aspetto etico o non etico nell'esecuzione di una Sinfonia di Mozart, o nella composizione di una nuova opera.

È difficile che un ascoltatore possa dire che l'esecuzione di un'opera molto nota sia "sbagliata", così come lo direbbe, per esempio, della decisione politica di entrare in guerra. Il paragone, ovviamente, non regge. Eppure gli interpreti hanno un preciso obbligo morale nei confronti dell'opera cui si

DANIEL BARENBOIM

La musica è un tutto

Etica ed estetica

Traduzione di Enrico Girardi

Margherita Belardetti ha tradotto dall'inglese:
Ethics and Aesthetics, *Towards a new Discourse on the Israeli-Palestinian Conflict*, *The Human Lesson of Gaza*, *On Dietrich Fischer-Dieskau*,
e dal tedesco: *Wagner, Israel and die Palästineksen*, *Salzburger Festrede*

Prima edizione in "Varia" novembre 2012
Prima edizione nell'"Universale Economica" luglio 2014

Stampa Grafiche Busti - VR

ISBN 978-88-07-88433-7

Le conversazioni si sono tenute nell'Aula Magna dell'Università Cattolica del Sacro Cuore di Milano, organizzate dalla professoressa Paola Fandella, responsabile del corso di laurea in Economia e gestione dei beni culturali e dello spettacolo dell'interfacoltà Economia – Lettere e filosofia.

dedicano. Molto spesso si parla di una "personalità musicale" dirompente, che è innegabilmente un aspetto importante di un artista. Ciò che invece viene spesso trascurato è che il primo obbligo di ogni interprete è quello di ricreare l'opera con sincerità e dedizione, non di esprimere la propria personalità. Certo, avere personalità è basilare per un musicista: colui che diventa un tramite, che ridà vita a un brano musicale deve avere un punto di vista personale. Esiste una sottile linea di demarcazione tra la dedizione totale a un'opera da un lato e l'annullamento di sé dall'altro, annullamento che può facilmente avere origine da un'adesione esagerata o freddamente dogmatica alla pagina stampata. Lo spartito, in fondo, ancora non è musica; lo spartito è fatto di macchie nere su carta bianca. La musica prende vita solo quando una persona o un gruppo di persone si mette a suonarla. L'interprete è l'unico elemento essenziale di un pezzo musicale che non sia indicato sulla pagina stampata e senza il quale la musica non può essere musica. Che la musica possa essere eseguita in maniera soddisfacente solo da un essere umano è un fatto così ovvio che nessuno può negarlo, eppure le sue implicazioni spesso non sono capite. Può affascinare l'idea che alcuni dei nostri istinti più "umani" e quindi soggettivi riguardo alla musica possano essere negati o sublimati a beneficio della musica stessa. Nella musica, la negazione di sé non è un atto nobile; non è più lodevole dell'arroganza di anteporre il proprio ego e le proprie idee al contenuto musicale di un'opera. Come in molte altre circostanze della vita, ci vuole equilibrio.

Cosa è richiesto? Cos'è lecito? Cos'è logico? Quanta libertà mi è data? Cosa intendeva il compositore? Queste sono le domande che si pone ogni giorno chi esegue musica. Nella mia veste di interprete di quattro secoli di musica, cerco costantemente negli spartiti risposte che i compositori ormai defunti non possono più darmi. Paradossalmente, quando studio l'opera di un compositore ancora in vita ricorro allo stesso metodo di analisi e instauro lo stesso dialogo interiore. La differenza tra lo studio di un celebre capolavoro di un compositore non più in vita e lo studio di un'opera di un musicista contemporaneo sta nella difficoltà di acquisire il necessario grado di familiarità con la nuova opera, mentre nell'approccio con un capolavoro che si conosce a menadito bisogna possedere l'arte di mantenere la freschezza del primo incontro. Leggere una partitura è un processo estremamente complesso e coinvolgente che non consente soluzioni immediate o definitive. La partitura di una grande opera racchiude nelle sue pagine più "soluzioni" di quanti non siano gli interpreti con i loro punti di vista personali, perché ogni singolo interprete è in grado di trovare più di una soluzione. In ogni caso, la convinzione di aver trovato il modo giusto di eseguire un pezzo è molto fallace, perché non esistono due esecuzioni uguali. La "soluzione" di ieri, oggi o domani sarà sbagliata, semplicemente perché i parametri sono cambiati: l'acustica della sala è diversa, diverso lo stato psicofisico di chi suona, diverso il tasso di umidità, e via di questo passo. L'esecuzione dal vivo è esattamente questo: un momento irripetibile della vita. Nel momento in cui tento di riprodurre quello che ieri ritenevo giusto, non vivo la musica nella realtà dell'oggi, anzi, non la vivo affatto, la manipolo. Quando un'esecuzione viene manipolata per ottenere un determinato effetto, allora cessa di essere genuina e conseguentemente di essere etica.

Che cosa significa essere genuini in ambito musicale? Conversando con qualcuno non è difficile stabilire se il nostro interlocutore sia o non sia genuino; nella musica la cosa è meno ovvia o più soggettiva. Come è possibile che sia così difficile definire un fattore tanto elementare ed essenziale ai fini dell'espressività musicale? Eseguo ormai determinati pezzi da sessant'anni, ma il numero degli interrogativi che mi suscitano non è diminuito. Questo costante porsi domande è di per sé un aspetto e un prerequisito della genuinità in musica.

La sincerità espressiva di un'esecuzione può essere ottenuta solo se si espelle meticolosamente tutto ciò che è superfluo, inappropriato, autogratificante o manipolatorio; è un processo che dura tutta una vita. I grandi artisti devono avere il dono di una meticolosa introspezione, per armarsi di nuove conoscenze, per affinare l'intuito, per individuare e correggere i propri punti deboli. La sincerità è impossibile senza la ricerca quotidiana di una sempre più approfondita indagine sull'essenza di un pezzo musicale. Se riesco ad abbandonarmi a un'esecuzione, a improvvisare e a seguire una traccia mai percorsa in precedenza non è solo grazie a un'intuizione spontanea, o meglio, quell'intuizione spontanea non piove dal cielo. È il risultato di un intenso studio dell'opera, di innumerevoli prove e sperimentazioni sul campo e della conoscenza di me stesso come interprete. Se mi permetto di essere spontaneo senza aver studiato la partitura nei minimi dettagli, molto probabilmente darò voce a qualcosa di diverso dal contenuto della partitura. È facile, persino piacevole essere spontanei senza avere una conoscenza approfondita della partitura e delle proprie inclinazioni, ma il risultato molto difficilmente avrà a che fare con l'autentico fare musica.

Che un artista debba avere una conoscenza approfondita di se stesso e della materia a cui dedica la sua esistenza è un fatto indiscutibile, ma per nulla semplice. Persino un grande artista come Claudio Arrau sentì il bisogno di intraprendere una psicoterapia allo scopo di liberarsi dal bisogno di piacere, il che mi porta a prendere in considerazione un ulteriore ostacolo potenziale sul cammino verso un'etica dell'esecuzione musicale: il rapporto con il pubblico. Wilhelm Furtwängler parlava del pubblico come di una comunità. Questa comunità può avere effetti diversi sull'interprete: nel migliore dei casi, quest'ultimo trae energia dal fatto di essere testimone, insieme al pubblico, del ritorno alla vita di un pezzo musicale. In un certo senso, entrambi stanno *vivendo* il pezzo insieme. All'altro estremo, l'artista può innervosirsi e venir colto da improvvise paure di sbagliare una nota o di avere dei vuoti di memoria. C'è un'unica arma in grado di combattere la febbre della ribalta ed è la conoscenza sempre più approfondita: conoscenza dettagliata della tecnica con cui vengono suonati gli strumenti, conoscenza di come è strutturato un pezzo e dimestichezza con le diverse potenzialità espressive a nostra disposizione. Naturalmente sto parlando di conoscenza nell'accezione spinoziana di comprensione dell'essenza delle cose, e non di conoscenza ricavata dalla semplice osservazione o da ragionamenti empirici. Forse l'aspetto più importante di suonare e provare consiste nell'acquisire nuova conoscenza di tutti gli elementi variabili di un'esecuzione, quali il *tempo*, le dinamiche, l'articolazione, l'equilibrio e la misura. Da un lato, la conoscenza di queste qualità non può essere acquisita durante l'esecuzione, per trarne un vantaggio immediato, e dall'altro, l'ispirazione non è cosa di cui si possa restare passivamente in attesa. Bisogna essere preparati ad accoglierla: c'è un processo di purificazione che deve compiersi prima che ci si renda consapevoli di tutte le possibilità reali insite in una partitura.

Se oggi voglio trovare l'ispirazione, devo essere disposto a dimenticare l'intuizione di ieri, devo affidarmi alla mia conoscenza delle infinite possibilità latenti nell'opera ed essere pronto a scoprire una possibilità ulteriore, che ancora non ho colto in anni e anni di prove ed esecuzioni. Tra i musicisti circola una sorta di superstizione: vale a dire che l'eccessiva conoscenza di un pezzo possa inibire la libertà di espressione. "Superstizione" è il termine giusto per questa attitudine, perché denota la paura dell'ignoto. Chi la pensa in questo modo probabilmente crede che la troppa conoscenza possa lasciare un pezzo musicale spoglio, decostruito, derubato del suo mistero e della sua forza, come un Sansone privo di capelli. Può darsi che ciò avvenga quando il pezzo viene semplicemente smembrato, analizzato, decostruito e smantellato. Questo è il mestiere del musicologo, che si affanna a rincorrere la visuale più acuta possibile della natura strutturale di un pezzo. Il mestiere dell'interprete, invece, comincia là dove si arresta quello del musicologo, consiste cioè nel ricreare l'opera nel presente, ritornando allo stato di caos esistente prima che una sola nota venisse scritta. L'interprete si sforza di entrare nella mente del compositore, chiedendosi a ogni passaggio perché questi abbia scelto quella soluzione e non un'altra, quali ragioni stiano dietro a una determinata modulazione, e ponendosi mille altre domande. È un processo complesso, in cui la conoscenza nella sfera del conscio deve andare a braccetto con l'esplorazione del subconscio.

Uno degli obblighi etici più stimolanti per un interprete è quello di trovare il giusto equilibrio tra intelletto ed emozione. L'intelletto non è una dote umana inferiore all'emozione, ma, nella musica, se prende il sopravvento può andare a detrimento della compiutezza di un'esecuzione. All'estremo opposto, è altrettanto dannoso quando l'emozione procede a briglia sciolta, senza il controllo della mano ferma del pensiero razionale. Se ne hanno l'opportunità, intelletto ed emozione si potenziano e si completano a vicenda, sia nell'esecuzione sia nella composizione. Di fatto, diventano indivisibili. La grande musica non è né puramente intellettuale, né puramente emotiva: è contraddistinta dall'equilibrio dei due aspetti, com'è nella natura umana.

Il paradosso dell'esecuzione è che il modo più diretto ed efficace per comunicare con il pubblico è dimenticarsi che esiste. Quando l'interprete riesce a calarsi in un dialogo profondo e avvincente con la musica, e solo con essa, abolendo dalla sua coscienza la presenza di duecento, cinquecento o tremila spettatori, allora diventa una cosa sola con il pubblico, e insieme partecipano all'atto della nuova creazione, alla quale sono indispensabili entrambi: sia chi attivamente fa musica, sia chi ascolta. Forse è impossibile suonare proprio per la ventisettesima fila ma, parlando per metafore, la ventisettesima fila può venir proiettata sul palco nel comune sforzo di riportare in vita suoni colmi di senso. Il pubblico porta nell'esecuzione una dimensione decisiva: la dimensione temporale. Quando suono, quando provo un pezzo musicale, so di potermi fermare ogni qual volta lo ritengo opportuno per correggere, affinare, rifinire il suono; durante l'esecuzione, so che suonerò il pezzo dall'inizio alla fine senza pause e che quella è la mia unica e sola possibilità di realizzare tutto quello che mi sono sforzato di raggiungere in ore, settimane, anni di esercizio e studio. Nella musica come nella vita, il tempo è un catalizzatore: quando ci rendiamo conto che è limitato, lo usiamo in modo differente. Il tempo è assolutamente centrale nell'esecuzione musicale, non solo nella sua ovvia manifestazione tramite il ritmo, bensì anche per il fatto che l'impermanenza è implicita in ogni pezzo musicale. La musica, forse meglio di qualsiasi altro mezzo espressivo, ci insegna quanto sia importante il momento presente: se prescindiamo per un attimo dalla possibilità della registrazione, un pezzo musicale è terminato non appena si dissolve l'ultima nota. Questo accade solo per il suono e per il tempo, che non sono mai esattamente riproducibili. L'irripetibilità è una delle caratteristiche più forti e significative della musica.

Il tempo o, per essere più precisi, il tempo oggettivo è il compagno fedele del musicista, la sua coscienza, per così dire. È possibile imbrogliare un po', suonare in *rubato*, come si dice in italiano nella terminologia musicale, ma il musicista ha sempre l'obbligo morale di restituire il maltolto. L'esecuzione – soggetta com'è all'impietoso avanzare delle lancette dell'orologio – rappresenta lo sforzo costante di far coesistere il tempo soggettivo con il tempo oggettivo. Il rigore di un musicista è direttamente proporzionale al suo modo di rapportarsi all'oggettività. Libertà è un termine spesso usato nel disquisire sui modi di eseguire musica: come nella vita, la libertà va di pari passo con la responsabilità di goderne con onestà e moralità. Se uno suona liberamente, forzando il metronomo per dare spazio a un arabesco espressivo o per enfatizzare una modulazione armonica, il vincolo con il tempo oggettivo tiene l'interprete con i piedi per terra e previene arbitrarie fughe fantastiche. Il *tempo*, come la verità, può essere teso troppo: se qualcuno sente il bisogno di esprimere un momento di particolare bellezza permettendo all'"orologio soggettivo" di rimanere troppo indietro rispetto alla precisione di quello oggettivo, la musica ne risulterà tesa oltre il punto di massima sopportazione e si spezzerà di colpo come un elastico troppo tirato. Se perdiamo il contatto con l'oggettività, si instaura l'anarchia. Se ci facciamo guidare solo da sentimenti estetici, perdiamo il senso dell'etica.

Qual è il rapporto tra etica ed estetica in una esecuzione? Come già ho accennato in precedenza, è piuttosto raro pensare a un obbligo morale relativo a un'esecuzione musicale, e sarebbe assurdo immaginare un'autorità sovranazionale, la controparte in materia di estetica delle Nazioni Unite o di Amnesty International. In effetti è impossibile stabilire criteri immutabili in un campo così soggettivo come l'esecuzione musicale. Sarebbe un abuso evidente suonare *forte* dove la partitura indica *piano*, e sarebbe un arbitrio ugualmente ingiustificabile permettere che una voce importante venga oscurata da una che lo è in minor grado. Ciononostante, non si contano i casi in cui si giustifica l'apporto di mutamenti alle dinamiche date, allo scopo, per esempio, di creare una maggiore tensione. Un compositore può scrivere un *crescendo* con l'intenzione di generare tensione, ma può essere che un *dimi-*

nuendo produca lo stesso effetto in modo più incisivo, così come a volte risulta più incisivo sussurrare invece che gridare.

Io penso che sia assolutamente legittimo che un interprete – tanto per fare due esempi specifici – cambi l'attacco di un *accelerando* o di un *crescendo.* In effetti, uno dei mezzi più efficaci di cui disponga un direttore di orchestra è la scelta di modificare l'attacco di un *crescendo* o di un *diminuendo* a seconda della potenza dello strumento coinvolto e della sua importanza nella *texture* musicale, specie nei pezzi in cui le dinamiche sono scritte in funzione dell'intera orchestra e iniziano simultaneamente. In Wagner, per esempio, se gli ottoni attaccassero un *crescendo* dove indica la partitura, il secondo flauto, in quanto strumento di minore potenza, riuscirebbe a malapena a farsi sentire nella battuta seguente. In questo caso quindi il direttore d'orchestra deve assegnare un nuovo attacco del *crescendo* a ogni strumento o sezione strumentale, facendo sì che gli strumenti più flebili, meno potenti, inizino prima e quelli più forti, più potenti seguano con il loro *crescendo*, che di conseguenza sarà più breve.

Una violazione etica è evidente quando un interprete decide di scegliere una certa soluzione a suo capriccio, semplicemente perché gli aggrada, senza alcun rispetto per il tempo oggettivo, la gerarchia armonica o la lunghezza di una frase. Io stesso, durante un'esecuzione, ho provato spesso l'impulso di fare qualcosa in un modo non pianificato o pensato in anticipo, ma ogni volta – senza eccezioni – mi sono chiesto a posteriori se avrei agito in modo musicalmente giustificabile. Se gli aspetti razionali ed emotivi di un interprete cooperano e sono equilibrati, la probabilità che questa intuizione spontanea sia logica e giustificabile è elevata. Se, al contrario, l'elemento razionale prevarica su quello emozionale, o viceversa, l'interprete sarà più vulnerabile nei confronti di intuizioni di natura puramente emozionale o puramente razionale.

Più ampio è il lasso di tempo che intercorre tra la composizione di un'opera e la sua esecuzione, maggiore è la trepidazione di gran parte degli interpreti nell'accostarsi a essa. La paura di commettere qualche errore può diventare paralizzante perché il trascorrere del tempo offusca il *feeling* naturale per la musica, alla stessa maniera in cui stempera la portata, se non il significato, degli eventi storici. È proprio perché sappiamo che il tempo toglie immediatezza agli avvenimenti storici che abbiamo bisogno delle ricorrenze per celebrarli o commemorarli: come è stato di recente il caso del ventesimo anniversario della caduta del muro di Berlino e del sessantesimo anniversario della *Notte dei cristalli*, o com'è per il giorno in cui si celebra l'indipendenza di molte nazioni.

Il nostro approccio alla musica del passato si limita alla comprensione razionale delle sue caratteristiche, mentre la musica contemporanea ha il vantaggio aggiunto di riguardarci da vicino, grazie alla sua attualità. In altre parole, lo *Zeitgeist* di oggi può essere captato dal sentimento, mentre lo *Zeitgeist* di ieri può solo venir capito. A partire in special modo dalla Seconda guerra mondiale, ha preso grande vigore l'idea della fedeltà al testo della partitura, come reazione all'eccessiva libertà dimostrata nelle esecuzioni delle generazioni precedenti, in cui l'interpretazione variava nei modi più diversi. Ne risultò il cosiddetto "movimento autenticista", che tentava di ricreare le condizioni esatte esistenti al tempo della composizione dell'opera, dagli strumenti usati al numero di orchestrali. In questo movimento, come in tutti i movimenti, figurano diversi gradi di talento. I musicisti più talentuosi, com'è ovvio, investono le informazioni ricavate dai loro studi nella ricerca di una forma personale di espressione musicale. Al contrario, quelli con meno talento si assoggettano ai dogmi del movimento, quasi fossero un'alternativa al pensiero individuale, trasformando il tutto in un'attività fondamentalista che spesso offre risposte a domande mai poste. Ad ogni buon conto, questo movimento ha incassato una vittoria sensazio-

senso della voce più importante viene trasformato dall'esistenza di una voce di minor peso, più tenue ma di pari espressività. Tra le voci musicali c'è un continuo scambio di energia; non esiste una sola sinfonia, a quanto io sappia, dove una voce – poniamo quella del primo oboe – mantenga la sua supremazia per la durata di un intero movimento. Ogni voce diventa più o meno rilevante a seconda delle esigenze del materiale musicale, e di questo incessante scambio gerarchico bisogna tener conto allo scopo di raggiungere la chiarezza.

Se concordiamo nel definire l'interprete non un semplice uomo di spettacolo, ma il tramite di intuizioni profonde e sostanziali relative al nostro vero essere, possiamo anche intenderci sul contributo (auspicabilmente) silenzioso dello spettatore. Se diamo per acquisita l'idea che, per ricreare un pezzo musicale inteso come organismo vivente, siano entrambi indispensabili – interprete e ascoltatore –, allora quest'ultimo non è un semplice testimone passivo – un ricettacolo di suoni – bensì un attivo partecipante del processo di creare o ricreare. Per colmo di sfortuna e di ironia, l'industria discografica ha prodotto una genìa di ascoltatori tendenzialmente distratti, cui è data la possibilità di ascoltare un pezzo musicale in ogni luogo e in ogni momento, anche se impegnati in altre faccende. Come sempre, è l'individuo a determinare la qualità dell'ascolto. La tecnologia in sé non è né negativa né positiva, è semplicemente uno strumento il cui uso viene determinato dal singolo. La musica registrata può senza dubbio avere la funzione positiva di accrescere la familiarità con un pezzo, grazie agli ascolti ripetuti. Tuttavia, se è usata senza discernimento e senza concentrazione, diventa un semplice brusio di fondo. È grazie alle tecnologie di registrazione che la musica e la *muzak*, sua controparte disumanizzata, sono onnipresenti nella nostra società.

Arthur Rubinstein all'inizio della carriera diceva che il settantacinque per cento del suo pubblico era in grado di suonare la maggior parte dei brani del suo repertorio; cinquant'anni più tardi dichiarava di ritenersi già fortunato se il venticinque per cento del suo pubblico possedeva qualche suo disco. Che dire allora dell'odierno pubblico di musica classica, le cui orecchie vengono regolarmente allenate – negli ascensori, nelle sale d'aspetto dei medici, negli aeroporti e nei ristoranti – a ignorare le informazioni che ricevono? Il vero rischio della *muzak* o della musica di sottofondo di ogni tipo consiste nel suo potere sottovalutato di insegnarci a interrompere l'ascolto. Come ho detto in precedenza, ascoltare è una combinazione di processo uditivo, pensiero e concentrazione. Sentire senza ascoltare davvero è possibile, come ben sanno molti bambini sgridati dai genitori. Il vero ascolto esige concentrazione, curiosità e dedizione totale a ciò che si ascolta. Come ci si può aspettare che uno spettatore si concentri su una Sinfonia di Mozart in una sala da concerto, se l'ha sentita mezz'ora prima nella hall dell'albergo, diffusa dagli altoparlanti? Il messaggio implicito è che l'esperienza dell'esecuzione non è unica. Può essere conservata e riprodotta a volontà: di conseguenza oggi non è più necessario essere pienamente presenti durante un'esecuzione. Probabilmente è questa consapevolezza che sta all'origine degli irrefrenabili attacchi di tosse che si sentono sempre più spesso nelle sale da concerto.

L'ascoltatore forse non ha uno specifico obbligo morale rispetto all'opera che viene eseguita, ma quanto più sa come focalizzare l'ascolto e ascoltare davvero la musica, tanto più sarà in grado di cogliere l'opportunità di un'esecuzione dal vivo. Se ascoltiamo davvero e sappiamo come ascoltare, ci rendiamo conto che non esiste musica esclusivamente gioiosa o musica esclusivamente tragica. Spesso in ogni carattere presente nella musica convive un elemento opposto; un sentimento tragico è sempre mitigato dalla gioia di trovare espressione nella musica e una melodia gioiosa può essere minata alla base da un accompagnamento dissonante, scettico. Inoltre, l'emozione non è insita in un pezzo musicale. È la percezione umana della ripetizione e del mutamento, tra l'altro, a portare l'emozione nella musica. Il pubblico deve essere in grado di alterare la propria coscienza e di accogliere il senso della musica nel momento stesso della sua realizzazione fisica. In questo stato diventa possibile cogliere sottigliezze espressive che vanno perse quando la musica è ridotta a brusio costante di sottofondo.

La forma-sonata è forse il caso più esemplificativo a questo riguardo. Nella "esposizione" viene presentato un tema, ancora non associato a caratteristiche particolari. Nella sezione di "sviluppo" – in cui si svelano e sviluppano qualità fino a quel momento sconosciute del tema – quest'ultimo viene sottoposto a trasformazioni e commenti da parte di altri controtemi. Nella "ripresa", infine, ritorna allo stato originale. Questo naturalmente è vero solo in parte; le note forse saranno le stesse, ma nella sezione di sviluppo sono state sottoposte a tali variazioni e trasformazioni che il tema si ritrova in un contesto psicologico completamente diverso. Un ascoltatore che abbia un minimo di dimestichezza con l'opera e sia in grado di compenetrarsi con ogni passaggio musicale nell'atto stesso in cui si compie riconoscerà la rilevanza del ritorno del tema quando ricompare nella ripresa, proprio come ogni persona sensibile riconosce i mutamenti nell'aspetto di un famigliare, riconducendoli alle diverse circostanze della sua vita. L'acutezza di osservazione, in questo caso, dipende dalla nostra abilità di percepire visceralmente la progressione del tempo. La nostra percezione del tempo e dei suoi effetti irreversibili ci consente di avere una visione diversa della ripetizione e del mutamento nella musica.

Prima di suonare la prima nota di un pezzo, un interprete deve essere in grado di sentire l'intera opera in modalità "avanzamento rapido", ascoltando mentalmente l'ultima nota in anticipo sulla prima, allo scopo di stabilire una connessione a lungo termine tra l'inizio e la conclusione del pezzo. Anche se il pubblico conosce a menadito un'opera, non ha la capacità di compiere una simile operazione, perché è vincolato alla prima nota e, di conseguenza, allo sviluppo temporale del pezzo. Ciononostante, un ascoltatore sensibile sarà in grado di riascoltare il pezzo a ritroso, una volta che è finito. L'ascoltatore attento e l'interprete acuto si pongono simultaneamente dentro e fuori il fluire del tempo: l'interprete funge da apripista, l'ascoltatore segue nelle retrovie.

Come si spiega che mostri del calibro di Hitler e Stalin si commuovessero fino alle lacrime ascoltando musica? Chiaramente avranno associato l'emozione umana a qualche aspetto della musica, omettendo al tempo stesso di stabilire un legame tra la sfera etica e quella estetica. Reputavano la musica alla stregua di un porto sicuro, al di fuori dell'esistenza reale, e la associavano al puro godimento. In altri termini, relegavano la bellezza della musica – da me precedentemente definita espressione fisica dell'animo umano – in un'area remota del loro cervello dittatoriale, dove non sussisteva la possibilità di entrare in contatto con altre aree dell'intelletto in grado di influenzare direttamente pensiero e comportamento. Qualunque fosse l'aspetto della musica capace di commuoverli, non aveva alcun riscontro nella vita e nell'operato di tutti i giorni.

Questa anomalia, che pare particolarmente grottesca alla luce delle atrocità compiute dai due uomini in questione, può sembrare irrilevante nel contesto della vita della gente comune. Eppure il rapporto tra etica ed estetica o, per fare un esempio più concreto, tra la comprensione della vita e la comprensione della musica ha conseguenze terribili per una società che soffre ogni giorno di più per gli effetti alienanti della specializzazione. Non c'è limite a quello che ci può insegnare la musica, se siamo disposti a conoscerla nel profondo e a non segregarla al di fuori della nostra sfera intellettuale. La musica è stata confinata per lunghi anni in un regno remoto di piacere e di evasione, partendo dal presupposto che non avesse niente da dire alle nostre aree cerebrali preposte ai pensieri o alla vita di tutti i giorni. Triste stato di cose per tutti i diretti interessati! La musica ha il potere di esprimere il potenziale di un'umanità che sa oltrepassare i suoi limiti. La musica ha la capacità di mettere in relazione gli esseri umani, senza distinzioni di sesso, razza o nazionalità. E questo perché ci guida sulla via che dal caos porta all'ordine, sulla via che, partendo da un'idea – magari confusa –, procede verso lo sviluppo e il completamento di un'opera sorretta e supportata da una propria logica interna. Se sono in grado di capire il processo creativo che culmina nell'opera finita e di ricostruire i passaggi che vanno dal materiale disorganizzato a un tema conciso, allora – quando eseguo un pezzo musicale – sarò nelle condizioni di ricrearlo in modo autentico, muovendo dal punto di partenza opposto, vale a dire partendo dall'opera finita e attuando un processo di decostruzione e analisi, allo scopo di arrivare all'idea essenziale, originale. Se in più riesco a cogliere un parallelismo tra questo processo e quanto mi interessa e mi tocca nella vita, allora avrò compreso la vera natura della musica.

Se il ventesimo secolo si è contraddistinto per la sua tendenza alla decostruzione, alla parcellizzazione e alla specializzazione, è mio augurio che il ventunesimo si accolli il compito non facile di ricostruire, ricompattare e allargare la conoscenza. Oggigiorno l'informazione è disponibile in ogni momento e in ogni luogo, ma l'informazione non è conoscenza; al contrario, l'accesso permanente all'informazione ci induce a liquidare la conoscenza come qualcosa di obsoleto e laborioso da acquisire. Il flusso costante di informazioni, ai giorni nostri, in realtà richiede una comprensione molto approfondita dei nessi tra fatti o idee diversi. I leader politici attuali, per esempio, affrontano sfide del tutto differenti da quelle degli anni sessanta o settanta. Un capo di governo degli anni sessanta aveva accesso a molte più informazioni di un cittadino medio, il che già di per sé costituiva una buona parte del suo potere. Il potere dei governanti di oggi invece si fonda sulla destrezza nell'utilizzo di informazioni a cui quasi tutti hanno accesso. I governanti di oggi devono avere una profonda, articolata capacità di analizzare le informazioni e di collegare tra loro gli avvenimenti e le idee più rilevanti.

Non ci sarà mai un surrogato della conoscenza umana o della capacità di stabilire associazioni tra attività o pensieri diversi allo scopo di produrre nuovo significato o nuova comprensione. Non c'è massa di informazioni non elaborate nell'era di Internet che possa contribuire a far nascere intuizioni sulla natura della mente o dello spirito umano.

Credo che la musica sia una componente essenziale e irrinunciabile dell'educazione collettiva. Nella nostra società la musica, confinata nella sua torre d'avorio, soffre ancora di isolamento, il che vale sia per chi la esegue, sia per chi l'ascolta. Nessuno si sforza di integrare i principi musicali nel nostro modo di ragionare corrente e il pensiero analitico di rado si fa strada nei territori spesso impervi della musica classica. L'educazione di chi ha a che fare professionalmente con la musica dovrebbe essere improntata a un diffuso senso di compenetrazione con un insieme di saperi più vasto ed esauriente che non sia quello strettamente pertinente alla musica. La maestria tecnica, che ovviamente è essenziale al musicista di professione, è priva di senso se non partecipa a un processo cognitivo che includa un'ampia base di conoscenza e di cultura.

Quantunque nulla possa sostituire la capacità di capire la musica nel suo specifico linguaggio, un aiuto per sbrigliare la fantasia può venire al musicista da immagini naturali o scenari drammatici. Attorniato dagli stimoli di un modello intellettuale e culturale non parcellizzato, il talento di uno studente di musica mostrerà la propria unicità scoprendo possibili parallelismi con la pittura – se lo studente è più incline al mondo visuale – o con la letteratura, se è più orientato verso la parola.

Così come la cultura generale dovrebbe essere parte integrante degli studi di un musicista, la musica dovrebbe rientrare nell'istruzione generale anche di quegli studenti che non intendono diventare musicisti. Idealmente, la musica dovrebbe essere studiata nelle scuole con lo stesso impegno che si riserva alla matematica, alla letteratura, alla storia o alla filosofia. Gli studenti non leggono il *Faust* di Goethe – tanto per fare un esempio – solo per godersi una bella storia, bensì lo studiano e analizzano in un modo che può potenzialmente influenzare le loro idee e prospettive future. In breve: l'arte può cambiare la vita, e la musica non fa eccezione. L'approccio filosofico alla musica è essenziale tanto quanto l'approccio filosofico all'esistenza.

La musica è infinitamente più grande e più ricca di quello che la nostra società le consente di essere: non è solo bella, commovente, maliosa, confortante o appassionata, sebbene, di volta in volta, possa essere tutte queste cose. La musica è parte essenziale della fisicità dello spirito umano.

Verso una nuova interpretazione del conflitto israelo-palestinese

Ora che un anno di straordinari cambiamenti in Medio Oriente volge alla fine, lasciandosi alle spalle scenari geopolitici profondamente mutati e incertezza e speranza in ugual misura, non posso fare a meno di chiedermi se, in un simile clima di cambiamento, non sia tempo di riconsiderare anche il nostro modo di vedere il conflitto israelo-palestinese.

Per gran parte degli ultimi settant'anni, questo conflitto è stato affrontato da innumerevoli punti di vista: politici, diplomatici, militari, legali. Nonostante ciò, le parti in causa – dagli uomini di stato ai politologi, dagli strateghi militari ai diplomatici – hanno mancato di mettere a fuoco il nocciolo vero della questione: questo non è un conflitto politico, quanto piuttosto un conflitto umano, lo scontro radicale tra due popoli che rivendicano categoricamente il diritto allo stesso lembo di terra, da entrambi ritenuto la loro patria. Questi popoli vanno compresi nella loro specificità storica e dovranno infine accettare che i loro destini sono inestricabilmente intrecciati.

È inutile chiedersi chi abbia scatenato questo conflitto e quando. È invece molto proficuo domandarsi chi sarà a fare le mosse decisive per risolverlo.

Un ostacolo determinante nel cammino verso una soluzione pacifica del conflitto sta nella natura problematica della nostra interpretazione del medesimo. Abbiamo ormai acquisito l'abitudine al "politicamente corretto", che connota a tutti i livelli il nostro approccio a questo conflitto. Nella fattispecie, il "politicamente corretto" prospera nel clima di una società "governamentale" che decide cosa sia giusto o meno, soffocando di conseguenza il pensiero del singolo individuo. E a limitarci ulteriormente nella nostra libertà di pensiero e di espressione interviene in maniera sensibile anche la lettura del conflitto fornita dai media.

Ciò che ci occorre quindi in questo momento è un drastico ripensamento del nostro approccio al conflitto. Invece di abbandonare il destino della regione ai politici e ai diplomatici, che finirebbero per impigliarsi sempre più nella rete di un "politicamente corretto" fasullo, è necessario ridare al singolo cittadino il potere di prendere posizione. Il popolo egiziano ci ha dimostrato lo scorso gennaio di essere pronto a farsi carico del proprio destino. Anche se questo spirito rivoluzionario non sembra aver attecchito più di tanto, dobbiamo comunque riconoscere il coraggio e l'intraprendenza della gioventù egiziana e sperare che il successo iniziale sia foriero di futuri sviluppi.

Un'iniziativa civica positiva può nascere soltanto da cittadini illuminati e ben informati, e per promuovere informazione e spirito illuminato occorre formare una nuova generazione di intellettuali, sia in Israele che nel mondo arabo. Edward Said a suo tempo coniò un nuovo concetto del ruolo dell'intellettuale impegnato, affermando che la sua missione consiste nel far progredire la libertà e la conoscenza umane. Per definizione, egli ha la missione di essere un elemento critico, se non addirittura di disturbo nei confronti della società e delle sue istituzioni, da cui prende le distanze, pur restandone parte integrante, rivolgendosi in tal modo al più vasto pubblico possibile. Questa nuova generazione di intellettuali impegnati aiuterebbe il singolo cittadino a superare gli angusti confini di ciò che è ritenuto "accettabile" e forse potrebbe indurlo ad ammettere una

verità fondamentale: quanto più si capisce e si acc
nemico, tanto più si viene capiti e accettati da l

L'unica soluzione al conflitto mediorienta
ne reciproca, in primo luogo a livello interp
sivamente a livello pratico. Il che comporta la
pazione israeliana, lo smantellamento delle colonie
rio palestinese e la cessazione di ogni violenza da entram
le parti. Pur consci di cosa significhi per il popolo ebraico il trauma dell'Olocausto, non dobbiamo tuttavia dimenticare che l'idea di una patria ebraica è nata ben prima di questi orribili accadimenti e non solamente a seguito di questi. È necessario ricordare che l'Olocausto fu il tentativo di sterminare l'intero popolo ebraico e quindi che il trauma conseguente è la paura profonda che possa ripetersi: ma la Palestina non è l'Europa, né tanto meno la Germania nazista.

Tutti i palestinesi devono convenire che la violenza non è un rimedio alle sofferenze subite in regime di occupazione o di esilio. Benché i palestinesi abbiano il diritto di reagire con rabbia di fronte al fatto che gli israeliani rivendichino quella che essi considerano la loro patria, devono comunque riconoscere la realtà dell'esistenza di Israele.

Gli israeliani non devono soltanto cessare l'occupazione e smantellare le colonie, ma anche assumersi la responsabilità di tutto ciò che è successo – e di tutto ciò che non è successo – in questi anni. Hanno il diritto a confini sicuri che ricalchino quelli precedenti al 1967 con poche variazioni; devono accettare che la sezione orientale di Gerusalemme sia la capitale della Palestina, così come il fatto che nessuno ha moralmente il diritto di negare a un altro popolo il diritto al ritorno. L'espletazione di tale diritto, comunque, può e deve essere negoziata da ambo le parti.

Tutto ciò richiede il contributo della comunità globale. È ora di smetterla di fare a gara a chi è più vittima. Tutti noi dobbiamo imparare a pensare in maniera completamente diversa questo conflitto. E dobbiamo farlo al più presto.

Wagner, Israele e i palestinesi

Forse a memoria d'uomo non esiste un altro compositore che nelle sue opere tenti di conciliare in maniera così evidente elementi inconciliabili. Le qualità che mandano in visibilio gli estimatori di Wagner spesso sono le stesse che urtano i suoi detrattori: per esempio, la propensione per gli estremi in tutto ciò che riguarda la composizione nei suoi svariati aspetti. Per quanto Wagner abbia sviluppato in massimo grado i concetti di armonia e di forma, si dimostrò sempre quanto mai economo nella trasposizione delle sue idee musicali. Paradossalmente è proprio questa economia a conferire grandezza impareggiabile alle sue strutture. Forse l'utilizzo particolarmente parco di singoli elementi fu da lui avvertito come una necessità, affinché la grandezza dell'opera d'arte totale si rivelasse ancora più grande e stupefacente.

Un esempio lampante di questa economia si trova nel Primo atto della *Valchiria*. All'inizio infuria la tempesta. Persino Beethoven, nella *Sesta Sinfonia*, per dar voce alla tempesta fa ricorso a tutti gli strumenti, e con l'organico orchestrale di cui disponeva Wagner si sarebbe portati a credere che la sua tempesta avrebbe potuto avere un impeto ancora maggiore. Invece Wagner sulle prime lascia che siano solo gli archi a dispiegare tutta la furia della bufera e il risultato è un suono molto più spoglio, diretto e compatto di quello che avrebbe potuto produrre un'intera orchestra wagneriana con tutti i suoi ottoni e percussioni.

Anche nel profilo dinamico delle sue partiture è sempre la precisione delle indicazioni a portare alla luce l'emozionalità della musica. Wagner è stato il primo compositore a calcolare e a esigere con estrema lucidità la velocità degli sviluppi dinamici. Quando vuole raggiungere un climax, ricorre per lo più a una o due tecniche: o lascia salire lentamente e organicamente un *crescendo*, oppure fa lievitare lo stesso materiale musicale due o tre volte, per poi, alla terza o quarta volta, lasciarlo esplodere. Nelle opere di Wagner ricorrono spesso passaggi in cui, per esempio, il materiale musicale porta la frase dapprima a crescere e a diminuire in due battute. Poi Wagner lascia crescere lo stesso materiale per due battute, seguite immediatamente da un *piano*: solo alla terza volta darà allo stesso materiale quattro battute di *crescendo* e il climax. Si tratta quindi di un computo matematico che – cosa interessantissima – produce un'estasi sensuale. Ed è un preciso e abile calcolo intellettuale a regalare l'impressione della spontaneità e della pura emozione.

Un'ulteriore caratteristica della singolarità musicale di Wagner si coglie nel Preludio del *Tristano e Isotta*, nella prosecuzione del celebre "accordo di Tristano". Un compositore meno geniale di Wagner o uno che avesse compreso meno lucidamente il segreto della musica avrebbe optato per la scelta di attenuare la tensione da lui stesso creata. Ma è proprio la sensazione evocata dalla non risoluzione solo parziale dell'accordo a consentire a Wagner di addensare sempre di più l'atmosfera di ambiguità e contrasto e – fintanto che questa tensione perdura – di esasperarla sempre più: ogni accordo non risolto è così un nuovo inizio.

La musica di Wagner è spesso complessa, a volte semplice, mai complicata. La differenza è sottile, ma la complicazione implica tra l'altro l'uso di meccanismi o tecniche non necessari, che possono anche oscurare il senso, ma che in Wagner non sono presenti. La complessità al contrario, nella musica di Wagner, comporta sempre una multidimensionalità. La musica è sempre composta di molteplici strati, che presi singolarmente possono anche essere semplici, ma nell'insieme formano una struttura complessa. Quando un tema viene variato, o potenziato, è sempre nel segno della multidimensionalità; le singole variazioni talvolta sono semplici, mai primitive. In altre parole: la sua complessità è sempre un mezzo, mai un fine. Inoltre ha sempre un che di estremo, perché muove forti emozioni, a volte sconvolge. Nel suo saggio *Opera e dramma* Wagner scrisse: "Nel dramma dobbiamo divenire sapienti grazie al sentimento. La ragione ci dice: così stanno le cose soltanto quando il sentimento ci ha detto: così ha da essere".

Proprio perché regna una grande confusione e discordia nei giudizi su Wagner, reputo sia di grande importanza fare ora piazza pulita di alcuni equivoci e false asserzioni, prendendo in considerazione gli aspetti estranei alla musica nella personalità di Wagner, ivi comprese naturalmente le sue famigerate, inaccettabili esternazioni antisemite.

L'antisemitismo nella Germania dell'Ottocento non era una novità. Solo nel 1669 venne concessa agli ebrei una certa libertà di movimento a Berlino e dintorni, benché il diritto di residenza fosse limitato ai soli ebrei abbienti. Gli ebrei che si trattenevano a Berlino solo per un breve periodo – fu il caso, tra gli altri, di Moses Mendelssohn – potevano entrare in città da una sola porta, il Rosenthaler Tor, di solito utilizzata esclusivamente per il bestiame, e dovevano pagare una tassa, così come un contadino o un mercante doveva pagare un balzello per le sue bestie o per la mercanzia. A differenza degli ugonotti, agli ebrei era fatto divieto di possedere terra, di praticare commerci con lana, legno, tabacco, pellame e vino, o di esercitare un mestiere. Non c'era occasione, nella vita di un ebreo, che non venisse tassata: viaggi, matrimoni, nascite, solo per citarne alcune.

Le esternazioni antisemite di Wagner vanno inquadrate in un simile contesto. L'antisemitismo ai suoi tempi era già un male radicato e diffuso, anche se in determinati ambienti della società tedesca gli ebrei erano accettati, rispettati, addirittura venerati. Nei movimenti nazionalistici dell'Europa del tardo Ottocento covava senza alcun dubbio una buona dose di antisemitismo. Era costume diffuso addossare agli ebrei la colpa di tutti i problemi dell'epoca – fossero essi politici, economici o culturali. Per di più, oltre ai vecchi pregiudizi nei loro confronti – pregiudizi di carattere religioso –, l'antisemitismo di fine Ottocento trovò giustificazioni ormai radicate nei concetti di "razza" e "origine" e prese di mira gli ebrei d'Europa ormai emancipati e assimilati. L'epicentro di queste tensioni fu Vienna.

Come è risaputo, queste idee trovarono continuità e nuova forza nel XX secolo. Il direttore d'orchestra svizzero Ernest Ansermet scrisse in un suo articolo che Artur Schnabel era sì una grande pianista e un ottimo musicista, ma che il suo modo di suonare tradiva la sua appartenenza al popolo ebraico, dal momento che manipolava la musica nel modo in cui gli ebrei manipolano i soldi.

Un simile retroscena storico non toglie assolutamente nulla al fatto che Richard Wagner sia stato un antisemita convinto, le cui esternazioni restano imperdonabili. Le ragioni del suo antisemitismo sono tra le altre cose da ricercare nel successo dei coevi musicisti ebrei Mendelssohn e Meyerbeer. Tuttavia a volte erano proprio quelle stesse qualità negative da lui rinfacciate agli ebrei – per esempio egoismo e ricerca del tornaconto personale – che spingevano Wagner a fare alcune eccezioni nelle sue convinzioni antisemite. Senza Hermann Levi non avrebbe trovato un direttore d'orchestra tanto brillante per il suo *Parsifal*, senza Joseph Rubinstein all'epoca forse non ci sarebbe stata nessuna riduzione per pianoforte del *Lohengrin*.

Wagner pubblicò per la prima volta l'articolo *L'ebraismo nella musica* nel 1850, sotto lo pseudonimo di K. Freigedank,* sulla rivista "Neue Zeitschrift für Musik", a Lipsia, e una seconda volta nel 1869, in forma di opuscolo, a proprio nome. Vi si legge: "L'Ebreo nella vita di ogni giorno non passa inosservato innanzitutto a ragione del suo aspetto fisico che – qualsiasi sia la nazione d'Europa cui apparteniamo – ha qualcosa di sgradevolmente estraneo a tale nazionalità, tanto da farci spontaneamente desiderare di non aver nulla a che spartire con una persona di simili fattezze". L'unica rettifica che formulò in vita fu un'osservazione rivolta alla moglie Cosima, in tarda età: "Se scrivessi nuovamente a proposito degli ebrei, direi che non c'è nulla da eccepire su di loro, ma che, essendosi aggiunti a noi tedeschi troppo presto, non fummo pronti ad accoglierli tra noi".

Tuttavia, accanto a queste osservazioni di carattere privato, in pubblico si schierò ancora su posizioni antisemite molto estreme, affermando che "la razza ebraica è il nemico giurato dell'umanità pura e di tutto ciò che di nobile vi è in essa" e sostenendo che "senza dubbio alcuno proprio noi Tedeschi periremo a causa loro e forse io mi ritrovo a essere l'ultimo Tedesco che, in quanto Artista, si è mostrato in grado di opporsi al giudaismo ormai imperante in ogni dove".

Le esternazioni razziste – che siano rivolte contro gli ebrei o oggi contro gli arabi – non sono in alcun modo sparite dalla società odierna, come possiamo osservare nel recente dibattito sull'integrazione.

Theodor Herzl, il fondatore del movimento sionista – cui toccò, da giornalista di successo, confrontarsi con il crescente antisemitismo in Austria e in Francia – caldeggiò in un

* La parola tedesca allude a *Freidenker*, libero pensatore. [*N.d.T.*]

primo tempo la totale assimilazione degli ebrei. Di grande interesse è notare come, per descrivere la situazione degli ebrei in seno alla società tedesca, ricorra in sostanza alla stessa terminologia di Wagner. Nel 1893 scrisse che "per sanare il guasto" gli ebrei dovevano "disfarsi delle peculiarità che giustamente venivano loro imputate". Era necessario "battezzare i bambini ebrei" per non render loro la vita eccessivamente difficile. "Scomparire tra il popolo!" era l'appello da lui rivolto alla popolazione ebraica. Anche Richard Wagner parlava di *Untergang*: "Riflettete: uno solo può essere il riscatto dalla maledizione che grava sul vostro capo, il riscatto di Ahasver, lo *Untergang*!".*

Le conclusioni di Wagner riguardo alla questione ebraica non avevano solo affinità lessicali con quelle di Herzl: sia Wagner che Herzl erano favorevoli all'emigrazione degli ebrei tedeschi. Fu il quotidiano attrito con l'antisemitismo europeo a maturare in Herzl l'idea di uno stato ebraico. La sua visione di questo stato era improntata alla tradizione del liberalismo europeo. Nel suo romanzo *La nuova antica terra*** del 1903 descrive i tratti salienti della comunità ebraica in Palestina, dove i residenti arabi e gli altri non-ebrei dovevano godere di pari diritti politici. Dunque Herzl, quando concepì l'idea di uno stato autonomo per gli ebrei europei, non trascurò il fatto che in Palestina già abitassero gli arabi. Nel 1921 Martin Buber nel XXII Congresso sionista a Karlsbad ammonì a proposito del dovere della politica di porsi anche la "questione araba": "L'aspirazione nazionale non deve contrapporsi a un'altra nazione. Il popolo ebraico – minoranza vessata da duemila anni in ogni paese – ora che torna sulla scena mondiale come soggetto del proprio destino, si discosta con or-

* La parola *Untergang* accanto al significato corrente di "tramonto, declino" conserva quello letterale di "affondamento", in questo caso nel senso di sparire nel tessuto sociale. [*N.d.T.*]

** Ritradotto nel 2012 con il titolo *Vecchia terra nuova* dalla Biblioteca Aretina. [*N.d.T.*]

rore dai metodi di nazionalismo dispotico di cui è stato così a lungo vittima. Non per scacciare o dominare un altro popolo desideriamo tornare in quella terra...".

Anche nella Dichiarazione di indipendenza dello Stato di Israele del 14 maggio 1948 si legge che lo Stato di Israele "incrementerà lo sviluppo del paese per il bene di tutti i suoi abitanti. Sarà fondato sulla libertà, sulla giustizia e sulla pace, come predetto dai profeti di Israele. Assicurerà completa eguaglianza di diritti sociali e politici a tutti i suoi abitanti, senza distinzione di religione, razza o sesso. Garantirà libertà di religione e di coscienza, di lingua, di istruzione e di cultura". Come tutti noi ben sappiamo, le cose in Israele oggi vanno diversamente.

Ancora oggi molti israeliani considerano il rifiuto dei palestinesi di riconoscere lo stato israeliano come la prosecuzione dell'antisemitismo prebellico europeo. Ma ciò che condiziona il comportamento dei palestinesi nei confronti di Israele non è antisemitismo: a suo tempo fu la ribellione contro la spartizione della Palestina, oggi è la ribellione di fronte al vedersi privati di ogni diritto, per esempio del diritto a un proprio stato. La Palestina infatti non era – come vuole la leggenda del nazionalismo israeliano più acceso – una terra vuota, bensì – per dirla con le parole di due rabbi che, su invito di Herzl, si recarono a visionarla per stabilire se potesse ospitare il futuro Stato di Israele – "una magnifica promessa sposa, malauguratamente già impegnata". Il fatto che la fondazione dello Stato di Israele sia avvenuta a prezzo della negazione dei diritti di un altro popolo è ancora oggi un tabù nella società israeliana.

Un ulteriore tabù tuttora vivo in Israele è l'esecuzione delle opere di Wagner entro i suoi confini. A proposito: che la mia esecuzione in Israele del *Preludio e morte d'Isotta* con la Staatskapelle Berlin nel 2001 abbia suscitato scalpore, è una leggenda che a distanza di quasi dieci anni da quel concerto è ancora ben lungi dall'essere sfatata. Il brano venne eseguito come bis, dopo una discussione di quaranta minuti con il pubblico. Fui io stesso a invitare ad andarsene quelli che volevano farlo. Solo venti o trenta persone, contrarie all'ascolto della musica di Wagner, abbandonarono la sala. Gli altri applaudirono con entusiasmo l'orchestra, tanto che ebbi la sensazione che avessimo agito per il meglio. Il giorno dopo tuttavia fu creato il caso, quando i politici gridarono allo scandalo, benché nessuno di loro fosse presente al concerto.

Durante il Terzo Reich la musica di Wagner era ancora suonata dagli ebrei a Tel Aviv, da quella che allora si chiamava Palestine Symphony Orchestra, l'odierna Israel Philarmonic Orchestra. Soltanto nell'immediato dopoguerra, quando si diffuse la notizia che gli ebrei erano stati mandati nelle camere a gas con l'accompagnamento di certa musica di Wagner, l'esecuzione della sua musica divenne a ragione un tabù, in segno di rispetto per i parenti delle vittime e per i sopravvissuti. Ciò avvenne non tanto a causa dell'antisemitismo di Wagner, bensì per l'abuso fatto della sua musica da parte dei nazisti.

Wagner fu considerato da Adolf Hitler, sia sul piano umano che su quello ideologico, una vero "precursore", come scrive Joachim Fest nella sua biografia del dittatore. "La più grande figura profetica che il popolo tedesco abbia mai avuto" lo definiva Hitler, che si appropriò della mitologia wagneriana, inglobandola nella mitologia nazionalsocialista. Ciononostante, per quanto ignobile si possa trovare l'antisemitismo di Wagner, è azzardato addossare a lui la responsabilità dell'uso e dell'abuso della sua musica e della sua visione del mondo da parte di Hitler. Ernest Bloch, compositore ebreo, si rifiutò, per esempio, di considerare la musica di Wagner proprietà dei nazisti: "La musica dei nazisti non è il Preludio ai *Maestri* *cantori di Norimberga*, bensì *In alto la bandiera**; altra dignità non ha, altra dignità non si può e non si deve attribuirle".

Chi intende vedere nelle opere di Wagner un odioso attacco agli ebrei naturalmente è libero di farlo. Ma sussistono fondate ragioni per farlo? Beckmesser, per esempio, che potrebbe originare il sospetto di essere la parodia di un ebreo, nel 1500 era scrivano comunale, un mestiere allora precluso agli ebrei. Con ciò intendo dire che se le goffe melodie di Beckmesser volessero scimmiottare i canti in sinagoga, sarebbe comunque una parodia di canti ebraici e non un attacco razzista. Naturalmente è lecito porsi la questione se la cosa sia di buongusto.

Nel suo complesso, il dibattito su Wagner in Israele non tiene conto che non è stato ancora compiuto il passo verso un'identità ebraico-israeliana e che tutti si appigliano a legami con il passato – che naturalmente a tempo debito erano assolutamente comprensibili e giustificabili – quasi a voler, così facendo, ricordarsi della propria ebraicità. Forse è questa stessa evidenza che non consente a molti israeliani di riconoscere ai palestinesi uguaglianza di diritti.

Tenere ancora oggi in vita il tabù di Wagner in Israele equivale in un certo senso a dare ragione a Hitler quando considerava Wagner un profeta e un precursore dell'antisemitismo nazionalsocialista e a ritenerlo responsabile, seppure indirettamente, della "soluzione finale".

Questo modo di pensare è indegno di uno spettatore ebreo che dovrebbe richiamarsi più alla filosofia di tanti eccelsi pensatori ebraici – quali Spinoza, Mosè Maimonide e Martin Buber – che non a dogmi preconcetti.

* Lo *Horst-Wessel-Lied*, l'inno ufficiale del Partito nazionalsocialista. [*N.d.T.*]

La lezione umana di Gaza

Dopo decenni di stallo sociale e politico, i fatti rivoluzionari degli ultimi mesi in Egitto, Tunisia, Libia, Bahrein, Yemen – noti come "Primavera araba" – hanno cambiato radicalmente il nostro modo di vedere il futuro e il potenziale del Medio Oriente. Guidati quasi esclusivamente da giovani aperti e ben informati – collegati tra loro grazie soprattutto ai social network –, questi avvenimenti si sono sviluppati a una velocità straordinaria e ci hanno dimostrato che quelle che fino a non molto tempo fa ritenevamo essere strutture feudali rigide e di fatto immutabili possono finire in mille pezzi sotto i colpi dei movimenti popolari. È stato quindi in uno spirito di speranza che abbiamo intrapreso la nostra missione a Gaza.

A prescindere dalle sue implicazioni politiche, dall'ingiustizia e dalla miopia che lo contraddistinguono, il blocco israeliano di Gaza, che infligge una punizione collettiva a un intero popolo, ha come conseguenza più terribile lo scadimento della qualità della vita degli abitanti della Striscia. Ciò nonostante, posso dire per esperienza recente che, a dispetto delle condizioni spesso intollerabili cui devono sottostare, molti cittadini di Gaza, tuttora pieni di speranza e di iniziative, sono disposti a costruire un futuro migliore, un futuro di pace. In questo quindi non si differenziano da molti israeliani. La questione tuttavia è come trovare il modo di stabilire un contatto tra queste persone che, in ultima istanza, hanno aspirazioni analoghe.

Storicamente, Gaza si è sempre trovata sotto il dominio di potenze straniere: dapprima quattro secoli di dominazione ottomana, poi l'annessione all'Impero britannico e infine l'occupazione egiziana. Questo succedersi di dominazioni straniere ha fatto sì che gli abitanti di Gaza finissero per vivere segregati, completamente separati dal resto dei palestinesi. Invece, quando la Cisgiordania era sotto occupazione giordana, la sua popolazione a larga maggioranza palestinese indicava come ci fossero naturalmente contatti più stretti tra i palestinesi in Cis- e Transgiordania che non tra gli abitanti di Gaza e i loro vicini egiziani. Ed è principalmente a causa di queste specificità geopolitiche che la gente di Gaza ha mostrato una più forte esigenza di autodeterminazione e indipendenza. Oggi questa esigenza può venire soddisfatta solo da uno stato palestinese autonomo e sovrano.

La peculiare posizione di Gaza ha altresì contribuito a formare una società civile giovane e vivace. L'ottantacinque per cento della popolazione, che conta circa 1,2 milioni di abitanti, è al di sotto dei trent'anni. A dispetto del blocco israeliano, gli abitanti di Gaza sono riusciti non solo a creare, ma anche a mantenere ben dodici università! I palestinesi delle nuove generazioni hanno un livello di istruzione superiore, sono estremamente preparati e ambiziosi, e di conseguenza rivestiranno un ruolo molto importante nel futuro sviluppo della regione. Lo scopo principale della mia visita a Gaza è stato quello di compiere un passo concreto, di esprimere solidarietà alla popolazione, alla società civile di Gaza. Essendo una missione del tutto apolitica, non ho avuto contatti diretti con esponenti dell'attuale governo, i quali a loro volta non hanno assistito al concerto. Il pubblico era formato da bambini e rappresentanti della società civile, in particolare delle Organizzazioni non governative palestinesi. Era da un pezzo che desideravo render visita a Gaza, come gesto di solidarietà nei confronti della sua gente, in quanto lo stato di isolamento e di reclusione in cui si trova ai miei occhi è uno degli aspetti più inquietanti del conflitto israelo-palestinese. Volevo tenere un concerto a Gaza per forzare il blocco, almeno sul piano culturale.

I tentativi precedenti di effettuare questo concerto erano falliti, ma i recenti avvenimenti in Egitto hanno aperto nuove possibilità in questo senso: l'aspetto più problematico di ogni visita a Gaza è sempre stato il passaggio della frontiera, ma una delle prime direttive del governo egiziano postrivoluzionario è stata quella di riaprire il valico di Rafah (chiuso dal 2007), consentendoci quindi di entrare a Gaza dall'Egitto. Il concerto si è tenuto il 3 maggio sotto gli auspici delle Nazioni Unite (in particolare dell'Unrwa e dell'Unesco), ma la sua realizzazione si deve anche alla stretta cooperazione con il nuovo governo egiziano. Una volta chiarite le questioni logistiche, è stato mio compito mettere assieme uno dei migliori gruppi di musicisti che abbia mai diretto: membri della Staatskapelle Berlin, della Filarmonica di Berlino e di Vienna, dell'Orchestre de Paris e dell'Orchestra della Scala di Milano hanno condiviso il mio progetto, mostrando doti di notevole coraggio e umanità.

Il nostro arrivo in Egitto, il 2 maggio, coincise con un evento politico di grande portata, che avrebbe dominato le successive ventiquattro ore: l'uccisione di Bin Laden in Pakistan. Mentre il concerto doveva svolgersi sotto l'egida delle Nazioni Unite e di alcune Organizzazioni non governative palestinesi, la nostra sicurezza personale era affidata alla collaborazione della leadership di Hamas. Ho imparato che, nella cultura araba, la musica viene vista come qualcosa di cui godere solo in occasioni gioiose, e quindi, nel corso di quel 2 maggio, i dirigenti di Hamas, dopo aver rilasciato una dichiarazione inaccettabile a proposito della morte di Bin Laden, si mostrarono oltre modo restii ad autorizzare un concerto, a un solo giorno di distanza da quel fatto cruento. I timori che qualche fazione radicale islamica potesse interpretarlo come una sorta di festeggiamento tollerato, in quello che doveva essere un giorno di lutto, portarono quasi alla sua cancellazione, alla vigilia. L'orchestra era già a El Arish, città egiziana di confine. La tensione si tagliava con il coltello finché, all'una del mattino, arrivò finalmente da Gaza il via libera al concerto.

Il concerto, in cui eseguimmo esclusivamente musiche di Mozart, si tenne nell'unico museo nazionale di Gaza, Al Mathaf, una dimora privata dove il proprietario aveva iniziato a raccogliere antichi reperti rinvenuti a Gaza, in gran parte durante i lavori di costruzione. La sua ambizione di creare e preservare una memoria storica di Gaza, il suo impegno nel costruire altresì una società moderna sono sintomatici del clima di positivo dinamismo riscontrato a Gaza. I cinquecento spettatori, dei quali una buona metà erano scolari, riservarono agli orchestrali un'accoglienza entusiastica e al termine del concerto colsi l'occasione per rivolgermi al pubblico e spiegare i motivi della nostra presenza: il desiderio di testimoniare la nostra solidarietà; la fiducia nella capacità della società civile di Gaza di creare un futuro migliore; la convinzione di quanto sia giusta l'aspirazione a creare uno stato palestinese autonomo e vitale entro i confini del 1967; la certezza che la soluzione del conflitto potrà essere raggiunta solo con mezzi pacifici, dal momento che la violenza non farebbe che minare la legittimità della causa palestinese.

Le rivoluzioni in Tunisia e in Egitto e le spinte al rinnovamento in Yemen, Siria, Libia e Bahrein ci hanno dimostrato che rinnovamento e sviluppo nascono dal popolo, mai dai governi. A Gaza abbiamo percepito una grande vicinanza con la gente, abbiamo intuito una possibilità di impegno comune, al di là degli steccati della politica. La lezione più importante che ne abbiamo tratto è che costruire ponti tra i popoli è possibile, senza delegare ai governi di farlo per noi. I tempi perché le relazioni intergovernative si sviluppino sono troppo lunghi, mentre già ora possiamo stabilire un contatto con la gente di Gaza. Cavalcando quest'onda, le società civili, in Israele come a Gaza, possono cautamente iniziare un processo di avvicinamento e di ricerca di un terreno comune, anche se, a livello governativo, tutto ciò può sembrare impensabile. Chissà mai che un giorno non siano proprio i governi a fare uso dei ponti costruiti dalla gente, per avanzare nel cammino della politica.

Il mio sogno è di continuare a lavorare a Gaza, di tornarci spesso e di dare il mio contributo a una società civile quanto mai dinamica e interessante, come ho constatato di persona. Un giorno spero di poter portare qui la West-Eastern Divan Orchestra. È tristemente noto come questa orchestra – divenuta un mito in molte parti del mondo – non abbia mai suonato proprio nei paesi da cui provengono molti dei suoi componenti. Ma continuerà nella sua missione: quella di abbattere barriere.

Discorso in occasione del conferimento del Premio "Willy Brandt"

Gentili signore, gentili signori,

ringrazio di cuore per questo premio, che ha per me un valore molto speciale; un premio la cui estraneità a una logica strettamente politica o partitica si deve essenzialmente, a mio avviso, alla personalità di Willy Brandt e alla sua statura politica e umana. Willy Brandt è stato – superando tutti i limiti delle divisioni tra partiti – non solo un grande capo di governo, bensì anche un visionario, e i visionari sono, oggi come allora, merce rara.

Ripenso con vivo piacere al nostro incontro, testimoniato da questa fotografia. Nel 1990 l'allora presidente della Repubblica Richard von Weizsäcker, recandosi in visita ufficiale a Gerusalemme, aveva portato con sé la Staatskapelle Dresden, la prima orchestra dell'ex Repubblica Democratica, che tenne anche un concerto nella Germania Ovest, a Colonia. Al termine di questo concerto incontrai il grande statista e il nostro breve scambio di vedute già allora mi pose la questione di come spiegare la straordinarietà di Willy Brandt. Come mai anche i giovani delle generazioni successive lo reputano uno dei più grandi uomini politici di tutti i tempi?

La risposta sta senz'ombra di dubbio nel suo modo di agire e di pensare. Sperimentiamo ogni giorno come spesso la politica diventi puro esercizio di potere, dove a contare sono solo considerazioni tattiche, volte al mantenimento del potere stesso. I problemi effettivi restano irrisolti, dal momento che molti politici pensano solo ai loro tatticismi. In questo modo si esclude la possibilità di un confronto che non sia più che superficiale con le questioni basilari della politica. Willy Brandt tuttavia, a differenza della maggior parte dei politici, non ragionava solo da tattico, ma anche da stratega. Era un pensatore indipendente, il cui agire era improntato a criteri estranei a interessi di potere, e si dimostrò persino capace di scelte scomode, che alla fine misero in gioco la sua carriera.

Sappiamo che nella musica una modulazione può svilupparsi solo se esiste una strategia, non può essere la tattica di un attimo. Lo stesso, a mio avviso, vale anche in politica. Willy Brandt era pronto a prendere decisioni all'apparenza impopolari pur di raggiungere obbiettivi a lungo termine. Anche un bravo direttore d'orchestra deve saper prendere le proprie decisioni musicali non tanto nell'ottica di un immediato fascino sul pubblico, bensì nella prospettiva di una strategia a lungo termine.

La genuflessione di Willy Brandt a Varsavia, assurta a rango di icona, fu – allora come oggi – un atto estremamente coraggioso che, grazie alla sua profonda valenza umana, rese possibile per la prima volta la riconciliazione tra i due popoli tedeschi. Sono certo che, se Willy Brandt fosse ancora vivo, dimostrerebbe pari coraggio nei confronti del conflitto mediorientale. Il coraggio di un pensiero strategico e visionario – testimoniato da quella genuflessione – si manifesterebbe anche nel suo atteggiamento verso Israele: a suo tempo ebbe il coraggio di riconoscere che il popolo ebraico ha certamente bisogno dell'amicizia tedesca, ma non di adesione acritica. Riconobbe la responsabilità storica della Germania, ma al tempo stesso si dimostrò conscio del fatto che in quella responsabilità rientrava il dovere di chiedere criticamente ragione al governo israeliano del suo operato. Un buon amico non ti lascia solo libertà di azione, ti fa notare anche i tuoi errori. Era questo il criterio su cui si imperniava l'azione politica di Willy Brandt.

In un discorso tenuto a Londra nel 1982 affermò giustamente che "il pericolo dell'odio razziale in generale, e dell'antisemitismo in particolare, non è ancora assolutamente scongiurato. È necessario tenere sempre alta la guardia". E disse anche che "gli riusciva difficile nascondere la sua preoccupazione riguardo alla politica del governo israeliano". E cosa direbbe oggi, a distanza di quasi trent'anni? Allora sottolineò, a ragione, che il diritto all'esistenza dello stato ebraico veniva quasi sempre riconosciuto da parte araba nelle riflessioni relative a una soluzione del conflitto, e fece appello ai governanti di Israele perché si dimostrassero disponibili a un compromesso. Nella Germania odierna c'è forse ancora qualcuno – tra i cittadini o i politici – con una simile posizione meditata e sincera verso Israele?

La differenza da me accennata tra pensiero meramente tattico e pensiero strategico risulta particolarmente chiara nelle seguenti parole di Willy Brandt: "Non ho da proporre nessun piano di pace per il Medio Oriente. (...) Vorrei invece parlare di distensione e della necessità di una politica di pace, da attuarsi grazie a un processo di presa di coscienza – processo doloroso ma proficuo – quale quello che il paese da cui provengo ha compiuto nel corso degli anni sessanta. (...) Fulcro di tale processo fu il riconoscimento sincero e consapevole della realtà di fatto, equivalente alla rinuncia a ogni tentativo di cambiare con la violenza lo stato delle cose (...)".

E sono proprio questi gli obbiettivi – riconoscimento della realtà di fatto e rinuncia da ambo le parti alla violenza – che devono finalmente venire perseguiti in Medio Oriente. Mi rattrista vedere come ai palestinesi venga negato il diritto di costituirsi come stato autonomo. Quando avanzarono tale richiesta alle Nazioni Unite, a mettere il veto furono proprio quegli stati che avevano incoraggiato i palestinesi a compiere un simile passo. Questa politica dell'ipocrisia allontana sempre più la pace.

In Israele come in Palestina sono in primo luogo i giovani a esigere chiarezza e soluzioni umane, più che politiche. Sono i giovani a non poterne più di negoziati infiniti e dell'inerzia dei politici. In fin dei conti non si tratta di un conflitto politico tra due nazioni, ma di un conflitto umano tra due popoli, entrambi convinti di poter rivendicare per atavico diritto lo stesso lembo di terra.

Tenuto conto dei rivoluzionari sviluppi nell'ambito delle comunicazioni, è necessario che anche nel conflitto mediorientale si percorrano nuove vie di trasparenza e di condivisione. All'inizio di quest'anno abbiamo assistito a tumulti rivoluzionari in Egitto e Tunisia – frutto impressionante del nuovo potere dei mezzi di comunicazione – di cui tuttavia ancora sono incerti gli esiti e che potrebbero anche rivelarsi molto negativi.

La politica della distensione così come la intendeva Willy Brandt è una prospettiva di cui si sente dolorosamente la mancanza nel conflitto mediorientale. Già negli anni ottanta Willy Brandt riconobbe che, da parte europea, sarebbe stato necessario impegnarsi per "qualcosa di più fantasioso di quanto non sia una semplice politica di *pressing*": vale a dire la capacità di offrire a entrambe le parti una prospettiva credibile di pace.

Oggi l'Europa ha il dovere di agire – non diversamente che nella crisi finanziaria – in modo più deciso. Altrimenti maggiore si fa il rischio di non trovare soluzioni. Il rischio per Israele, per la Palestina, per l'Europa.

Il mio augurio per il futuro, se mi è lecito esprimerne uno, è quello che i politici si conformino all'esempio di Willy Brandt e basino il loro modo di pensare e di agire su tre qualità essenziali: lungimiranza, strategia e coraggio. Solo così un politico può pensare in autonomia, solo così – in luogo di essere semplicemente il rappresentante di una maggioranza o di una minoranza – sarà il portavoce di un pensiero indipendente. Come Willy Brandt.

Discorso ufficiale per il novantesimo anniversario del Festival di Salisburgo

Avevo nove anni quando, nel 1952, vidi per la prima volta Salisburgo. Era in assoluto la prima volta che lasciavo Buenos Aires, la prima volta che mettevo piede in Europa e la prima volta che venivo in contatto con lo straordinario ambiente musicale del Festival.

Essendo l'era dei jet ancora di là da venire, raggiungere l'Europa fu un'impresa. Il nostro viaggio durò tre giorni: prima in aereo – un vecchio turboelica, naturalmente –, poi in treno: quando finalmente arrivammo a Salisburgo, ero sfinito. Eppure, passando davanti al Festspielhaus – l'odierno Haus für Mozart – mi colpì la locandina che annunciava la rappresentazione de *Il flauto magico*. Chiesi ai miei genitori di cosa si trattasse e mi spiegarono che era un'opera di Mozart. Naturalmente i biglietti erano esauriti, ma mia madre – donna di grande intraprendenza e di rara audacia – mi incitò a darmi da fare per trovare il modo di intrufolarmi nel Festspielhaus, promettendo di aspettarmi, insieme a mio padre, nel vicino Caffè Tommaselli. Per un ragazzino qual ero, in effetti, non fu difficile sgattaiolare inosservato dentro il teatro. Trovai un palco tutto per me e mi ci sistemai come un piccolo principe. I Wiener Philharmoniker accordarono i loro strumenti, il direttore d'orchestra salì sul podio, e io mi addormentai di botto in quell'accogliente penombra. Dopo un po' mi svegliai e, non sapendo più dov'ero e dov'erano i miei genitori, mi misi a piangere in preda allo sconforto. Accorse una maschera che mi accompagnò subito fuori e così ebbe termine la mia piccola avventura. Trent'anni dopo, quando diressi il mio primo *Flauto magico* a Parigi, mi tornò in mente Salisburgo e fantasticai che in un palco vuoto ci fosse, anche in quella occasione, un bambino che dormiva, anzi, russava.

Naturalmente, dopo quella prima esperienza del 1952, così come negli anni successivi, a Salisburgo incontrai alcuni tra i musicisti più importanti del mondo. Lì potevi imbatterti in gente che aveva conosciuto Brahms di persona: era il luogo dove si davano convegno gli eredi spirituali dei più grandi musicisti del passato, testimoni di un'altra epoca. Conobbi e ascoltai Edwin Fischer, un pianista che ancora oggi è per me fonte di ispirazione, e io stesso, nel corso di quel mio primo soggiorno nel 1952 suonai un Concerto di Bach, nell'ambito del saggio finale del corso di Direzione d'orchestra di Igor Markevitch. Nel 1954 conobbi Furtwängler e suonai per lui: mi fece sedere nella fossa dell'orchestra accanto al clavicembalo, per poter seguire da lì non solo le prove del *Don Giovanni*, ma anche diverse rappresentazioni dell'opera. Erano esperienze estremamente arricchenti per un ragazzo della mia età e lo spirito che regnava allora a Salisburgo mi formò, lasciandomi nell'animo un segno indelebile. Questo particolare spirito nasceva anche dalla stretta collaborazione tra l'attività operistica del Festival e i corsi al Mozarteum. Una volta, per esempio, nel 1955, capitò che Markevitch si ammalasse e si trovasse nell'impossibilità di tenere il suo corso di Direzione d'orchestra: per grande fortuna di noi allievi, lo sostituirono George Szell, Karl Böhm e Dimitri Mitropoulos, che si sobbarcarono un giorno di lezioni a testa. Qui a Salisburgo ebbi altresì l'occasione di assistere per la prima volta a concerti ed esecuzioni operistiche dei Wiener Philharmoniker, la prima grande orchestra in assoluto che io sentissi suonare, il cui peculiare timbro, unito alla straordinaria sensibilità musicale dei suoi membri, non ha mai cessato di affascinarmi e ispirarmi.

Particolarmente formativi per me non furono solo Furtwängler e i numerosi concerti e opere cui assistetti durante il Festival, ma un autore soprattutto: Mozart. Nessun altro compositore è in grado di evidenziare altrettanto gli stati d'animo dei suoi personaggi, combinandone all'occorrenza gli opposti, il che fa delle opere scritte da Mozart e Da Ponte impareggiabili capolavori. Il *Don Giovanni* ne è un esempio perfetto: Mozart e Da Ponte hanno definito questa opera un *dramma giocoso*, definizione che implica già di per sé che una certa situazione possa venire vissuta soggettivamente in maniera tragica – per esempio dal punto di vista di Donna Elvira – ma obbiettivamente in modo comico, e viceversa. In Mozart l'elemento comico è spesso accompagnato da una sfumatura cupa, inquietante, mentre l'elemento tragico rivela aspetti comici, persino ridicoli.

Salisburgo è stata il tramite di straordinarie scoperte musicali, ma anche il luogo in cui presi coscienza della storia del popolo ebraico. A nove anni non avevo mai sentito parlare dell'Olocausto. All'epoca in cui conobbi Furtwängler e Fischer venni a sapere per la prima volta quanto era successo in Europa. Mio padre, nel 1954, rifiutò addirittura un invito da parte di Furtwängler, che mi voleva in un concerto con i Berliner Philharmoniker, motivando tale rifiuto con la convinzione che, a nove anni dalla fine della guerra, per un ragazzo ebreo fosse ancora troppo presto per mettere piede in Germania. Ricordo ancora chiaramente come allora non capissi quale differenza potesse esserci tra Germania e Austria e come più tardi mi stupissi che lo Stato di Israele ritenesse possibile intrattenere relazioni diplomatiche con l'Austria, ma non con la Germania. Chiesi più volte spiegazioni a mio padre, senza mai ricevere risposte soddisfacenti. Il mio entusiasmo per tanta musica straordinaria e il mio orrore per la sorte degli ebrei d'Europa si ponevano agli estremi opposti, come voci contrappuntistiche in un'opera di Mozart; ogni volta che ripenso a quegli anni mi accorgo che, nel mio ricordo, queste due "prese di coscienza" di diversa natura sono indissolubilmente congiunte. Proprio come in Mozart, alla tristezza si mescolava la gioia e l'orrore veniva in parte temperato dalla giocosità. Avere esperienze musicali tanto profonde e doversi confrontare con un periodo storico di tale disumanità generò in me quella che in seguito si trasformò in una sorta di *idée fixe*: divenni cioè cosciente del paradosso per cui la musica ci dà l'opportunità di dimenticare le brutture del mondo e al contempo la capacità di capire e di trascendere il mondo e i suoi orrori. In altre parole: *la musica è tutto fuorché una torre d'avorio.* Max Reinhardt, nell'esporre il suo programma, nel luglio 1918, affermò che Salisburgo era lo scenario ideale per il festival a cui intendeva dare vita. A suo dire, la città era addirittura destinata a "divenire meta del pellegrinaggio di quella moltitudine che, fuggendo dalle sanguinarie atrocità del nostro tempo, aspira alla salvezza nell'arte".

Manifestazioni antisemite minacciarono di interrompere la prima di *Jedermann* e a soli diciassette anni dal primo Festival, Reinhardt si vide costretto a fuggire da sanguinarie atrocità d'altro stampo.

Oggi, a distanza di novant'anni dal primo Festival e di sessantacinque anni dalla fine della Seconda guerra mondiale, le sue parole ci ricordano gli ideali che lo indussero a fondare il Festival. Max Reinhardt e Hugo von Hofmannsthal si prefiggevano un unico scopo: dare un volto nuovo all'identità nazionale e culturale dell'Austria dopo la grande guerra, indicando la via che dalla devastazione e dal sangue porta alla creazione artistica, quale mezzo di unificazione del paese, se non dell'Europa intera. Credevano con tutta l'anima nel potere trasfigurante dell'arte, in primo luogo della musica e del teatro. Durante gli anni della guerra si adoperarono senza risparmio di forze per cercare sostegno ai loro progetti, convinti che la rinascita del Festival fosse un fattore essenziale alla rinascita della pace. Oggi, chiunque abbia un briciolo di decenza si dichiara a favore della pace. Ma è possibile augurarsi la pace e al contempo agire in maniera tale da scatenare sentimenti aggressivi, se non una guerra vera e propria? Come si può annunciare a gran voce di volere la pace senza garantire a tutti gli uomini uguali diritti? Come si può dirsi a favore della pace e poi consentire che movimenti dichiaratamente razzisti prendano sempre più piede, ovunque in Europa?

Il novantesimo anniversario del Festival – nato come antidoto alla guerra – mi pare l'occasione adatta per riflettere sui motivi per cui *de facto* la pace è lontana. Un'occasione anche per riflettere sui fini di questo Festival e sulla peculiare natura del rapporto tra cultura e problemi esistenziali del mondo, nonché il momento giusto per capire tutta la portata dell'influenza che un Festival internazionale così prestigioso – di eccelso livello artistico e con una simile storia illustre alle spalle – potrebbe avere. Ma soprattutto è il momento giusto per ragionare sulla responsabilità che da una simile influenza deriva, vale a dire la responsabilità di rappresentare un punto di forza e di autorevolezza morale capace sia di creare un forum per il dialogo sui presupposti indispensabili alla pace, sia di opporsi o togliere vigore a ideologie estremistiche o fondamentaliste.

Molto spesso sentiamo parlare di "processo di pace", "negoziati di pace", "trattative di pace" e simili! Tutti – dal presidente Ahmadinejad al presidente Obama – oggi parlano di pace. Ma se tutti vogliono la pace perché dunque siamo ancora così lontani dal vivere effettivamente in pace?

Richard von Weizsäcker si è avvicinato molto a una risposta quando, nel suo discorso davanti al parlamento tedesco, quarant'anni dopo la fine della Seconda guerra mondiale, disse: "È di grande aiuto alla causa della pace andare incontro all'altro invece di stare ad aspettare che sia lui a fare il primo passo". Tale presa di coscienza implica l'acquisizione di una scomoda verità: la parola "pace" significa ben più di uno stato di non-aggressione. La radice della parola ebraica *shalom*, "pace", è la stessa di *shlemut*, "perfezione", e la consapevolezza dell'affinità lessicale dei due termini potrebbe aiutarci a comprendere quali siano i presupposti reali della pace – specie in Medio Oriente. La pace esige perfezione, vale a dire equilibrio perfetto tra giustizia, strategia e compassione.

Si potrebbe facilmente obbiettare che giustizia, strategia e compassione non sono compatibili. Si potrebbe essere tentati di sacrificare la compassione a favore della strategia o di credere che rispettare la giustizia sia d'intralcio al pensiero strategico. Ma non deve essere così: è necessario invece figurarsi giustizia, strategia e compassione come tre rami del medesimo albero. La pace può essere raggiunta solo a condizione che sia possibile trovare una soluzione vantaggiosa per tutte le parti in causa, una soluzione giusta per tutti, conveniente per tutti dal punto di vista strategico e moralmente sostenibile. Stare ad aspettare, quando si tratta di pace, non è un'opzione possibile: in questo modo non si fa altro che far parlare l'intolleranza e le armi.

Ho parlato talmente tante volte della sorte del popolo israeliano e palestinese che ho quasi la sensazione di trovarmi in una sorta di infinito rondò e di ribadire, a proposito dei problemi in Medio Oriente, sempre lo stesso concetto, a tutt'oggi ancora incompreso: i destini di questi due popoli sono indissolubilmente intrecciati e la possibilità di restituire la pace ai loro paesi sta solo e soltanto nelle loro mani e non in quelle di chissà quali potenze straniere, per quanto influenti possano essere.

È un conflitto che non ha paragoni. Gli altri conflitti – concernenti per lo più questioni di confini o materie prime indispensabili come il petrolio o l'acqua – sono risolvibili per via militare o diplomatica. Questo invece è diverso, è un conflitto tra uomini, tra due popoli, entrambi inamovibili nel convincimento che sia loro diritto vivere nello stesso identico lembo di terra. È un conflitto locale, capace tuttavia di minacciare la stabilità degli equilibri delle potenze a livello mondiale. "È di grande aiuto alla causa della pace andare incontro all'altro, invece di stare ad aspettare che sia lui a fare il primo passo." Come è possibile però andare incontro all'altro – in questo caso all'altro paese – senza andare incontro alla totalità delle formazioni politiche – o di altra natura – esistenti sul territorio? Come è possibile fare ciò, senza riconoscere all'altro parità di diritti e senza agire in modo giusto nei suoi confronti? Se Israele vuole veramente la pace – una pace autentica, duratura e non solo di superficie, una pace che crei la piattaforma per serie trattative – dovrà senza alcun dubbio dimostrare la volontà di andare incontro alla Palestina, riconoscendo tutte le fazioni lì esistenti. Il nocciolo della questione non è se la soluzione stia nella creazione di un unico stato a doppia nazionalità o di due stati indipendenti, dove, accanto a Israele, esista uno stato palestinese legittimo e sovrano. Il vero nocciolo della questione, oggi, è se le due parti siano disposte a venirsi reciprocamente incontro.

"È di grande aiuto alla causa della pace andare incontro all'altro, invece di stare ad aspettare che sia lui a fare il primo passo." Questa è una strategia lungimirante, una strategia di cui si raccoglieranno i frutti nel futuro. Stare ad aspettare che sia l'altro a fare il primo passo è invece una tattica miope, una tattica che si è mostrata quanto mai fallimentare negli ultimi sessant'anni. Si è detto più volte che la giustizia esige sacrifici, ma che sacrificio comporta la fine dell'occupazione dei territori palestinesi e lo smantellamento degli insediamenti ebraici?

La musica mi ha trasmesso molte idee che possono trovare applicazione anche nella vita. Una di queste è che quello che in un dato momento ti può catturare anima e corpo e sembrarti straordinariamente bello o assolutamente indispensabile, il momento dopo può già sembrarti esagerato, se non dannoso. Bisogna invece conciliare esigenze immediate e strategia lungimirante. Il musicista deve possedere quello che Furtwängler chiamava "ascolto a distanza". Spesso, per tenere in vita la linea musicale nella sua interezza, è necessario rinunciare a ciò che in un momento circoscritto sembra essere assolutamente indispensabile. Detto in altre parole: l'esigenza avvertita nell'immediato va ignorata, sacrificata con un occhio al futuro. La musica mi ha insegnato ad attenermi alla mia peculiare visione soggettiva del presente, ma al tempo stesso a non sentirmi imprigionato in essa, bensì in qualche modo a distaccarmene e a tener conto delle conseguenze oggettive, di lunga portata, che l'agire dettato da un subitaneo impulso potrebbe avere.

Va da sé che tra le conseguenze di una frase musicale particolarmente bella tirata troppo per le lunghe e le conseguenze di un'occasione mancata di aprire un varco verso la pace il paragone non regga. Pure gli insegnamenti della musica sono applicabili anche alla sfera politica: la rinuncia di Israele a ciò che nell'immediato sembra essere irrinunciabile alla lunga si rivelerà una salvezza. Alternative non ne esistono, altra soluzione non c'è, se lo Stato di Israele vuole avere un futuro e se i palestinesi prima o poi torneranno a riacquisire i loro diritti fondamentali.

Nel corso della sua lunga storia il popolo ebraico è stato di volta in volta ammirato o disprezzato a motivo della sua elevata moralità, del suo senso di giustizia e della sua intelligenza. Ora è arrivato il momento di riscoprire queste qualità, di battersi per una morale universale, per una morale che non sia valida solo per noi stessi, bensì per tutti i popoli, inclusi i palestinesi. Spinoza, Mosè Maimonide e Moses Mendelssohn interpretarono sempre la morale ebraica in un contesto universale. Sono questi i pensatori che oggi dobbiamo prendere a modello. La pace ha un prezzo alto. Ma vivere senza pace ha un prezzo ancora più alto e porta da molti punti di vista a gravi, insensate perdite. Prima che i due contendenti riconoscano questa verità, avranno pagato il prezzo incommensurabilmente alto della guerra, incommensurabilmente alto perché espresso in una valuta inaccettabile: la vita umana.

È per me un grande onore trovarmi su questo palco a tenere il discorso di apertura di questo magnifico Festival. Esprimo tutta la mia gratitudine a Jürgen Flimm per aver sempre invitato, nel corso degli ultimi anni, la West-Eastern Divan Orchestra, dando così un aiuto al nostro impegno a favore di un dialogo tra i due popoli e ricreando a posteriori un legame ideale con il pacifismo dei fondatori del Festival. Così facendo ha realizzato il nostro desiderio di dimostrare di cosa siano capaci i popoli mediorientali quando operano di comune accordo.

Sono grato per l'onore accordatomi e per i citati gesti di solidarietà. Sono grato per il fatto che le mie parole e le mie idee sembrino colme di significato anche a chi viene ai miei concerti per ascoltarmi come pianista o direttore d'orchestra. Sono grato di avere la doppia nazionalità, israeliana e palestinese. Eppure sono addolorato. Mi sento personalmente coinvolto nella lacerazione che divide israeliani e palestinesi, quella stessa lacerazione che impedisce a Israele di trovare una soluzione praticabile riguardo al futuro. Niente di ciò che dico può sanare questa lacerazione: non c'è sonata, sinfonia o opera che possa colmare l'abisso tra due popoli che non intendono fare i passi necessari per venirsi incontro a vicenda.

Qualcuno deve rompere il silenzio. C'è una disarmonia sospesa nell'aria da decenni: ci vorrà più di una voce per risolvere una simile dissonanza.

"È di grande aiuto alla causa della pace andare incontro all'altro, invece di stare ad aspettare che sia lui a fare il primo passo."

Abbiamo già aspettato troppo.

Conversazioni

Conversazione sulla West-Eastern Divan Orchestra e altro*

Girardi

In numerose occasioni lei ha dichiarato che la West-Eastern Divan non è un'orchestra per la pace. Vuole precisare questo concetto?

Barenboim

Mi sento molto onorato quando si parla del Divano come di un'orchestra per la pace ma per la pace servono altri strumenti rispetto a quelli che ho io. Quello del Medio Oriente è un conflitto molto particolare, che per prima cosa ha bisogno di essere analizzato nella sua natura e nel suo "carattere". Perché si parla di pace come se questo fosse un conflitto militare o politico, ma le cose non stanno in questi termini.

Io sono cresciuto in Israele, ho fatto la scuola in Israele e viaggiando dal 1962 in poi, dunque per più di quarant'anni, ho sempre temuto di aprire il giornale e di trovare in prima pagina qualcosa che avesse a che fare col conflitto israelo-

* La presente conversazione (Aula Magna dell'Università Cattolica di Milano, 12 giugno 2008) ha avuto luogo al termine della proiezione di ampie sezioni del video *Knowledge is the Beginning – The Ramallah Concert*, documentario su genesi e storia della West-Eastern Divan Orchestra e sul concerto che la formazione arabo-israeliana tenne nella città palestinese il 21 agosto 2005. All'incontro ha preso parte anche il sovrintendente del Teatro alla Scala Stéphane Lissner.

palestinese: quanti morti da una parte, quanti dall'altra, cosa non va di qui, cosa non va di là. Negli ultimi anni soffro ancora di più perché queste notizie ci sono ancora ma non vengono più pubblicate in prima pagina, perché il mondo intero si è abituato a osservare questo conflitto in termini esclusivamente politici o militari: o meglio, a osservarlo come un conflitto politico di due nazioni che litigano sull'acqua, sul petrolio, sul territorio, sui processi economici, destinato a sfociare in un conflitto militare. Invece il conflitto israelo-palestinese è un conflitto umano. La politica e il militarismo vengono dopo, perché si tratta di un conflitto umano fra due popoli, ciascuno più o meno di sette milioni di persone, che sono sicuri di avere un diritto storico, filosofico, antropologico e religioso, insomma, umano, di vivere sullo stesso territorio dell'altro. Ed è per questo che nessuna soluzione militare è praticabile. Come si può trovare una soluzione militare se il problema è dentro il cuore della gente? Più capisco la natura di questo problema e più ne soffro. Quello che c'è da fare è spiegare questa situazione e come si è originata, perché la gente non ne ha più memoria. E dunque l'unica soluzione per me sarebbe quella di trovare gente in Israele e in Palestina che sia d'accordo con questo tipo d'analisi e che si metta a cercare insieme una soluzione. Ci sono soltanto tre possibilità obiettive: o si vive in un paese bi-nazionale con una popolazione di sette più sette milioni di abitanti, soluzione inaccettabile per Israele e per gli ebrei dopo l'Olocausto; oppure si fanno due paesi indipendenti che eventualmente dopo un certo tempo si legano in una federazione, soluzione difficile da accettare per i palestinesi perché hanno sempre avuto l'idea che quella terra sia cosa loro; oppure si ammazzano tutti. Una quarta possibilità non è data.

Io dunque faccio quel che posso: se volete, è un lavoro non per la pace ma contro l'ignoranza, ossia la non conoscenza dei termini della questione. Lavoro contro l'ignoranza e contro soluzioni false e illusorie. E quanto faccio con il Divano non è per avere influenza sui politici ma per necessità interiore e per creare un piccolo modello di società con altri valori.

Girardi

Alla seconda domanda ha già risposto, perché c'entrava con la considerazione che non ci piacciono quelli che usano la musica per fare proclami politici né quelli che usano la politica per fare musica, e si vede molto chiaramente che l'iniziativa del Divano è estranea a questa dinamica. E non c'è alcuna contraddizione tra il dire quello che ho appena detto e il sottolineare allo stesso tempo che il Divano è prima di tutto un'eccellente palestra musicale per questi ragazzi, ma anche un meraviglioso luogo di formazione a tutti i livelli, quindi anche politico, umano, religioso. E proprio a proposito di religione, ho trovato tante cose interessanti sia nel suo libro *La musica sveglia il tempo*, sia nel precedente *Paralleli e paradossi*. Ne cito per esempio questa frase: "Sia la musica sia la religione si cimentano col paradosso del tentativo dell'essere finito di diventare infinito". Da qui mi sorge una domanda e una curiosità, due anzi: la prima è di sapere quanto nei rapporti tra i musicisti che fanno parte di questa orchestra il problema religioso è sentito...

Barenboim

Zero.

Girardi

Questa la seconda domanda, se non è troppo intima e personale: che importanza ha il senso religioso per lei?

Barenboim

Lei sa quello che diceva Albert Einstein sulla religione? Che la religione è soltanto il frutto della mancanza di sicurezza degli esseri umani e l'espressione della superstizione. Perché la conoscenza è la base di tutto il progresso umano. Devo dire che sono al duecento per cento d'accordo con lui. C'è ancora tanta gente che ha paura della conoscenza. So per esempio di tanti musicisti che hanno un istinto, un'intuizione molto acuta ma che hanno paura della conoscenza perché pensano di perdere la loro freschezza. Invece sono convinto che più si capisce qualcosa, più si amplia la possibilità di volare, di avere fantasia e immaginazione. La conoscenza non è mai un ostacolo.

L'essere umano vuol sempre dare la responsabilità o ad altri, o a un oggetto o a un'idea su cose a riguardo delle quali non vuole prendersi le proprie responsabilità. Per esempio: cos'è un coltello? Uno strumento di violenza con cui posso ammazzare qualcuno o uno strumento con cui posso tagliare il pane e offrirlo a chi ne ha voglia o bisogno? Il coltello, in realtà, non ha alcuna qualità morale. È l'essere umano che gliela dà. E dunque avere paura della conoscenza è come dire: non voglio avere niente a che fare con i coltelli, perché forse mi faranno ammazzare qualcuno. Con ciò intendo dire che la conoscenza deve essere controllata dall'essere umano. E che la conoscenza non può essere altro che utile. In questo senso la religione per me è piuttosto una questione di sentimento. Non è che io creda in qualcosa. Ma riconosco che l'ispirazione che viene dalla religione non viene da nessuna altra parte. È l'espressione del fatto che c'è qualcosa che è più grande di ognuno di noi ma che dà a ognuno la percezione dell'eterno. Non so se questa cosa sia Mosè, Gesù Cristo o Maometto. E francamente non m'interessa.

Ma so che la conoscenza arriva fino a un certo punto mentre ci sono certe cose, certe idee, certi sentimenti, anche la stessa volontà di progresso, che continuano anche dopo la morte individuale. E dunque c'è qualcosa che l'essere umano non è capace né di analizzare né di esprimere.

A me basta il sentimento di sapere questo e non voglio farmi delle idee su cosa c'è dopo, perché non lo saprò mai e per saperlo sarei obbligato a entrare in un cammino senza conoscenza, e questo non mi piace.

Girardi
E la musica cosa c'entra con tutto ciò?

Barenboim
La musica è proprio l'espressione di questo sentimento. Attraverso la musica si esce dai limiti umani. Quante volte ho sentito musicisti dell'orchestra dire: "Oggi ho avuto tanto piacere nel suonare la marcia funebre!". Lei s'immagina qualcuno che dice: "Oggi ho avuto tanto piacere di andare al cimitero"? No. Come mai? Vuol dire che questa trasformazione dell'idea in suono, questo fenomeno che inizia come fenomeno soltanto fisico e che poi diventa metafisico dà a noi musicisti, forse, la capacità di vivere momenti che sono oltre le possibilità dell'umano: per esempio ridere e piangere simultaneamente come lo fa ogni frase musicale.

Girardi
C'è un altro passo di *Paralleli e paradossi* in cui lei dice che i veri capolavori sono senza tempo perché usano il linguaggio del loro tempo e parlano dei problemi del loro tempo. Ma che diventano poi di ogni tempo. E per spiegare questo lei usa un'espressione efficacissima. Scrive cioè che i capolavori sono "permanentemente contemporanei". Questa definizione mi dà il "la" per entrare in un tema tra i più dibattuti della vita musicale odierna, ossia come si debba mettere in scena oggi un capolavoro. Dire che un capolavoro è permanentemente contemporaneo significa che il regista d'opera è libero di ambientarlo in qualunque situazione, tempo e luogo?

Barenboim

Anzitutto bisogna distinguere tra la regia, che è una cosa, e le scene e i costumi, che sono un'altra cosa. Quante volte oggi si sentono persone dire "ho visto il tale spettacolo alla Scala o a Berlino o al Met e mi è piaciuta tantissimo la regia"? Poi continui a conversare e scopri che si riferiscono alle scene, ai costumi e alle luci. Altra cosa da premettere è che nei teatri d'opera ci sono due "impotenti". Il primo è il direttore d'orchestra, che è l'unico musicista del mondo che non ha contatto fisico con la sola cosa che esprime la musica, ossia il suono. Il direttore sta lì a fare dei gesti, ma il suono non lo produce lui, lo producono i musicisti dell'orchestra. E dunque, cosa fa il direttore d'orchestra se non ha contatto musicale con il suono?

L'altro è il regista che, a differenza del direttore d'orchestra, non ha nemmeno una partitura. Il regista ha il libretto che racconta una storia ma, a ben vedere, è ancora più impotente del direttore d'orchestra. L'uno e l'altro sono come due eunuchi nell'harem, ma il regista è ancora più eunuco. Voi ridete, ma non è una barzelletta, è un discorso serio. Mi spiego. Il direttore d'orchestra deve avere delle conoscenze con la "c" maiuscola sul fenomeno "suono", perché il suono è un fenomeno fisico che non vive qui ma ogni volta viene prodotto da uno strumento musicale o dalla voce di un cantante. Il direttore deve "portarlo" nell'*hic et nunc*. Cosa significa? Voglio dire che siccome il direttore d'orchestra non suona lui stesso, non può presentarsi davanti a un'orchestra con un certo *feeling*, ma deve avere delle conoscenze molto precise prima di avere una certa intuizione, deve conoscere tutta la partitura e avere la capacità di fare in modo che tutti i musicisti vogliano pensare, suonare e cantare nella stessa maniera, nella stessa forma. Allora sì che "porta" un suono nell'*hic et nunc*.

Il regista deve avere ancora più conoscenze perché non

ha neanche una partitura da seguire. Lui legge un testo, come noi direttori, però poi deve immaginare uno spettacolo, deve immaginare visualmente tutto. E lì entrano in gioco tutti i fattori dominanti della creazione artistica. Il primo è la capacità semplice di leggere un testo; il secondo è la necessità di formarsi un sottotesto. Ogni volta che leggiamo una notizia che dice "ieri sera è successo che...", ognuno di noi si crea un sottotesto, che dice "ma come è possibile...", "ma chi l'ha detto...".

Se il direttore d'orchestra ha bisogno di avere le conoscenze su ogni strumento, il regista deve avere conoscenze di psicologia, filosofia, antropologia, psicanalisi e di molte altre cose ancora. E poi deve avere la capacità di fare un mix assolutamente organico fra il testo che ha davanti agli occhi e il sottotesto che la sua immaginazione, si spera fervida, gli consente di creare. E non deve mai dimenticarsi che la giustificazione di tale sottotesto gli può venire soltanto dal testo stesso.

È per questo che una regia si può fare simbolica, naturalistica, moderna, storica, astratta o come altro volete, però ha la necessità di questi due elementi: prima di tutto di raccontare la storia, e poi di raccontarla in una forma molto individuale e artistica. Dunque per me, il problema non è se la regia debba essere moderna o no. Piuttosto, quando una messinscena è moderna io mi chiedo: "Questa regia moderna racconta la storia che deve raccontare o no?". Se invece la messinscena è storica o tradizionale, mi chiedo: "Racconta qualcosa di nuovo e di originale o no?". Se le risposte all'uno o all'altro quesito sono negative, allora si tratta di regie che non valgono niente.

Girardi

Dal Concerto di Natale del dicembre 2005, con la *Nona* di Beethoven, al *Tristano* del dicembre 2007 a oggi: ci vuole raccontare che tipo di rapporto professionale ha instaurato con l'Orchestra del Teatro alla Scala, di cui è stato recentemente nominato "maestro scaligero"?

Barenboim

A dire il vero, il mio primo contatto con la Scala non l'ho avuto per il Concerto di Natale del 2005 ma molti anni prima. Negli anni settanta ho diretto alcuni concerti, dei quali serbo ricordi un po', come dire, particolari. Avevo circa trent'anni quando Claudio Abbado, che a quell'epoca era direttore musicale, mi dice: "Adesso che fai tanto Bruckner, devi venire a dirigerne le Sinfonie alla Scala". Io dico: "Ma sei matto? Le Sinfonie di Bruckner in Italia?". A quei tempi, Bruckner si eseguiva pochissimo, men che meno in Italia. Ma Abbado insiste: "No, no, vieni! Vedrai, i musicisti sono bravi, sono aperti...". E allora accetto. Arrivo un giorno di fine giugno, e faceva veramente caldo; la prima prova è fissata dalle 20.00 alle 23.00. L'orchestra mi conosceva come pianista; come direttore, niente. La *Sinfonia n. 7* di Bruckner non l'avevano mai suonata e sono sicuro che non l'avevano neanche mai sentita. Vado in sala prove alle 20.00 e trovo tutti stanchi, stanchi e sudati, e inizio a provare il primo tempo: un disastro!

Dopo un'ora o un'ora e un quarto mi sono accorto che avevo fatto cinque o sei minuti di musica e che se avessi continuato così... Perciò – metodo ideale in queste situazioni – decido: "Intervallo!". Cerco di fare una riflessione positiva e arrivo alla conclusione che non posso continuare così. Devo trovare un pezzo che, suonato per intero, permetta all'orchestra di farsi un'idea più chiara della linea di questa Sinfonia e magari anche di procurarle un certo piacere nel suonarla. Dunque prendo il tempo lento della *Settima*, che dura venticinque minuti, e lo suono dall'inizio alla fine senza mai fermarmi. Alla fine di questi venticinque minuti, che terminano con un pizzicato, tolgo l'accordo dei corni e per la prima volta dalle 20.00 – erano già le 22.00 – c'era un silenzio totale. Nella mia innocenza, penso: "Qualcosa in questa musica li ha finalmente toccati...". Ed ero proprio in questo pensiero quando la prima viola mi dice: "Scusi maestro, ma quant'è la durata complessiva di questa Sinfonia?".

Questo è stato l'esordio, circa quarant'anni fa. Ora l'ho raccontato un po' scherzosamente. Ma l'orchestra nel frattempo è cambiata tanto. Con Abbado e con Muti non ha fatto solo opera ma parecchia attività sinfonica, il che è di un'importanza capitale. Cosicché oggi ha un repertorio enorme e può affrontare ogni sfida.

Ma quello che mi ha entusiasmato in questi ultimi anni e che mi ha fatto innamorare dell'Orchestra della Scala è che ho sentito che non c'è dettaglio che sia troppo piccolo per non interessare i musicisti che ne fanno parte. Voglio dire, i musicisti della Scala non soltanto suonano molto bene – ci sono tante altre orchestre che suonano bene –, non soltanto hanno certe particolari qualità in questo o in quell'altro aspetto, ma soprattutto hanno curiosità e più il dettaglio è minimo, più ne vengono affascinati. E questo ci permette di arrivare al punto di entrare anche nell'unità più piccola della musica, che ne so, il piccolo sospiro di un fraseggio, che da tante altre orchestre sarebbe considerato con sufficienza. È questo che fa la differenza e che mi ha affascinato.

Girardi

Le ho fatto ascoltare per tre volte il Primo tema, lo sviluppo e la testa del Secondo tema del Primo tempo della *Waldstein* di Beethoven quali lei ha inciso, rispettivamente, alla fine degli anni sessanta, al principio degli anni ottanta e, più recentemente, nel 2005.

Barenboim

Vuole arrivare a dirmi che l'evoluzione non è tale da giustificare che io suoni di nuovo la *Waldstein* la settimana prossima?...

Girardi

Scherzi a parte, vorrei parlare di interpretazione. È piuttosto chiaro che la seconda incisione è più "romantica", con contrasti più accentuati di dinamica e di colore, la terza è più lineare, più "narrativa", mentre la prima è una specie di via di mezzo tra le due. E allora le chiedo, quali sono i fattori che incidono maggiormente nel momento in cui lei esegue ancora una volta un pezzo già eseguito tante volte in passato: il pianoforte che usa, la conformazione della sala da concerto, lo stato d'animo del momento, il pubblico?

Barenboim

È una domanda noiosa. Sono tutte cose del passato.

Girardi

Ma la *Waldstein* lei la suonerà di nuovo tra pochi giorni.

Barenboim

È solo questo che mi interessa, come la suonerò la settimana prossima. Le assicuro che – ci creda o no – oggi è la prima volta che ho ascoltato quelle registrazioni. Non mi hanno mai interessato e, francamente, mi interessano ancor meno oggi. Non mi interessa vedere se c'è un processo di sviluppo o che altro. Piuttosto, sono ansioso di studiarla di nuovo e di vedere come la suonerò oggi che sono passati più di cinquant'anni da quando la suonai per la prima volta. La gente mi chiede: "Ma lei non si stufa di suonare certi pezzi per tanti anni?". E a me viene da pensare che non sono mai gli stessi pezzi, e che se sono gli stessi pezzi, sono io che non sono lo stesso. Ma non mi interessa guardare il cambiamento del passato. Il passato nella musica, come nella vita, come nella politica, mi interessa solo nella misura in cui influenza il presente. Bisogna andare al passato per capire meglio il presente. Non per uno scopo, come dire, "filologico" né tantomeno per avere una sorta di nostalgia, che secondo me non è neanche troppo sana.

Girardi

Vorrebbe rispondere alle domande di alcuni studenti? Questa è la prima: lo studio della musica richiede dedizione e spirito di sacrificio. Vorrei sapere quali rinunce ha dovuto fare per arrivare dove è arrivato.

Barenboim

Nessuna. E aggiungo che se qualcuno rinuncia a vivere la propria vita per la musica, difficilmente diventerà un buon musicista, perché è noto che l'esperienza della vita dà un apporto fondamentale alla musica, a parte il caso dei bambini prodigio. Pensate che Yehudi Menuhin ha suonato a undici anni un Concerto di Bach, il Concerto di Beethoven e il Concerto di Brahms nella stessa sera con la Filarmonica di Berlino e che aveva già una tale maturità che il grande Einstein, proprio lo stesso Einstein che diceva che la religione è espressione di mancanza di sicurezza, disse: "Adesso sento che c'è un Dio". È evidente che un bimbo di undici anni non sa ancora cosa sia la passione sessuale, che pure è parte anch'essa della musica. Ma lasciamo stare questi casi straordinari. Restiamo al fatto che una buona esperienza della vita si traduce in una maggiore ricchezza dell'espressione musicale. E che ciò è naturalmente vero.

Però è vero anche il contrario, funziona anche in senso inverso. Io per esempio ho imparato tante cose sul modo di pensare e di agire, sulla moralità, sulla politica, sulla matematica che odiavo a scuola, proprio grazie alla musica. Vuol dire che in ogni momento passato nella musica e con la musica non è che rinunciamo ad altre cose, che tutto si lega. Ho avuto genitori intelligenti che mi hanno permesso di crescere in modo armonioso e di dedicarmi non solo allo studio della musica ma anche alla scuola, alla lettura, al gioco, così come gli altri bambini. Nessun dubbio se studiare musica o giocare a calcio. Allora facevo e l'una e l'altra cosa, perché volevo sia la musica sia il pallone. E lo voglio ancora.

Girardi

Ecco la seconda: che rapporto ha con la musica leggera?

Barenboim

Che rapporto ho con la musica leggera? Un rapporto molto leggero...

Girardi

La terza. Quando dirige un'orchestra, quanto pensa all'aspetto tecnico dell'esecuzione e quanto invece lascia spazio all'emozione?

Barenboim

Fare la musica vuol dire arrivare a uno stato in cui non si può dividere il pensiero e il sentimento, la tecnica e l'emozione. E questo è proprio l'abc di come penso e faccio la musica. Se sto dirigendo un'orchestra e qualcosa non va bene, non penso a cosa potrei dire o fare perché tecnicamente sia meglio. Piuttosto, cerco di affrontare tutto come un'unità. E dunque se il suono non è giusto, bisogna poterlo analizzare nell'insieme e dire: "È troppo forte... è troppo piano... o, non è abbastanza penetrante... per piacere tirate l'arco così, usate il fiato cosà ecc.", cosicché l'aspetto tecnico abbia un'influenza sul contenuto musicale e viceversa.

Girardi

La penultima: se alla fine di un concerto sinfonico o di un'opera non è soddisfatto di come ha suonato l'orchestra, come reagisce?

Barenboim

Leggo il giornale il giorno dopo! No, sto scherzando. Al momento di entrare sul palcoscenico c'è un elemento che non esiste durante le prove, anche se si esegue un pezzo senza fermarsi. C'è che alle 20.00 inizia il concerto e alle 20.00 devi farlo. Dunque, c'è una dimensione di inevitabilità che adoro. Non ho paura di questo. Penso che i colleghi che hanno paura del pubblico dimenticano che non glielo ordina il medico di fare un concerto. Chiunque viene a un concerto vuole che sia bello. Il pensare: "Sono nervoso perché non so se piacerà" è la cosa più stupida che si può dire. L'unica tensione è verso la musica. "Sarò capace oggi? Avrò la presenza mentale, le dita, il pensiero, la concentrazione per esprimere tutto quello che leggo e vedo e sento in questa musica?": questa è la domanda che mi faccio. Per questo sì che sono nervoso.

Poi arriva il momento di salire sul palcoscenico, e in quel momento sono sempre contento. Qualche volta sorpreso, ma sempre contentissimo, di vedere che dopo cinquantotto anni di palcoscenico c'è ancora gente che vuol venire a sentirmi. E quando saluto il pubblico, l'emozione di vedere tutta questa gente che forse mi ha sentito cinquanta anni fa mi dà una grande gioia. Poi siedo al pianoforte o salgo sul podio. E quando inizio a suonare, da quel preciso momento inizia un processo ineluttabile che dura un'ora e un quarto per una Sinfonia di Bruckner, o un'ora e venti per un atto del *Tristano*, o un minuto e cinquanta secondi per un Valzer di Chopin. Non cambia.

A quel punto, e solo dopo questo momento ineluttabile, devo avere la possibilità di ricordare coscientemente quello che ho fatto come quando si guarda un film all'indietro e devo avere la possibilità di dire: "Perché ho fatto questo? E perché quest'altro? Questo non l'avevo mai pensato, ma mi è uscito bene...". Bisogna avere la capacità di tornarci su in modo cosciente.

Girardi

...allora il passato conta qualcosa, qualche volta...

Barenboim

Sì, ma solo nel senso che è una lezione per il futuro. Se non si torna indietro coscientemente a quello che si è fatto, allora si dipende dai giornalisti, perché si deve leggere il giornale il giorno dopo il concerto per capire se è stato buono o no. Invece io ho avuto la fortuna di avere delle critiche meravigliose per concerti di cui non ero contento e invece ho avuto critiche spaventose per concerti che trovavo abbastanza ben fatti. Anzi, è anche accaduto che lo stesso concerto sia stato commentato in modi diametralmente opposti. Quando debuttai giovanissimo suonando il *Concerto in la maggiore per pianoforte e orchestra* K. 488 di Mozart, a Buenos Aires i critici de "La Nación" e de "La Prensa" scrissero uno che era dai tempi di Mozart che non si sentiva un tale *enfant prodige* e l'altro che non si capiva perché il Teatro Colón avesse fatto debuttare un pianista così giovane e privo di talento. Fu allora che mio padre, intelligentemente, mi insegnò che era bene che io sapessi diventare critico di me stesso, per non dipendere dal giudizio degli altri. Dunque non sono particolarmente felice quando la critica è buona, però non sono neanche troppo depresso quando non lo è.

Girardi

Ecco infine l'ultima domanda degli studenti: come si fa a memorizzare l'integrale delle *Sonate per pianoforte* di Beethoven?

Barenboim

Ho memoria perché non so leggere la musica... suono a orecchio. Scherzi a parte, la memoria è un muscolo da allenare. Sono sicuro che se mi mettessi a imparare a memoria nuovi pezzi, perderei la memoria di quello che ho già imparato. È veramente un muscolo che bisogna riattivare ogni volta. La memoria è un talento, una capacità che, in un certo senso, non ha niente a che fare con la musica ma nello stesso tempo è molto legata ad essa, perché ci sono tanti tipi di memoria. La memoria fotografica, per esempio. Rubinstein aveva una memoria fotografica eccezionale. Una volta a New York ha suonato diretto da me il *Concerto n. 1* di Brahms, aveva ottantacinque anni, dunque suonava questo Concerto da quasi ottant'anni. E nella prova fece un piccolo sbaglio. Poi decidemmo di fare colazione insieme e mentre ci recavamo al ristorante mi disse: "Prima di pranzo, devo andare al negozio di musica perché ho dimenticato a Parigi la mia partitura. Hai visto che ho fatto uno sbaglio stupido?". Poi aggiunse: "Rimani tu in macchina, io vado dentro". Lo aspetto cinque, dieci minuti, poi esce senza niente. Dico: "Non l'hai trovata?", e lui mi risponde: "Ah, non avevano la stessa edizione che ho a casa e io so che nella terza pagina c'è una macchia di caffè, devo vedere la mia edizione. Dopo mangiato, mi devi fare la cortesia di venire con me in albergo e suonarmi tu quel punto che ho sbagliato". Preferiva questo che comprare un'edizione diversa dalla sua, impaginata diversamente. Insomma, aveva paura di perdere la sua costruzione fotografica.

Un altro grande pianista, Edwin Fischer, diceva sempre di avere problemi di memoria e spesso in concerto dimenticava qualche passaggio. Però aveva una capacità di improvvisazione così grande che nessuno se ne accorgeva. E lui mi spiegava: "Guarda, è importante usare sempre la stessa diteggiatura perché quando tutto il resto non funziona, il cervello non funziona, sei nervoso, hai perso tutto, le dita andranno lì dove devono andare". La sua era una memoria tattile.

Ma c'è anche una memoria dell'orecchio, che è molto forte. L'orecchio è l'organo, secondo me, più intelligente del nostro corpo. E uno degli elementi della sua intelligenza è proprio la memoria. Se trova qualcuno che le vuole dare il suo numero di telefono e non ha niente da scrivere, lei cosa fa? Lei lo ripete automaticamente: 3287... perché dicendolo a voce alta acuisce la memoria del suo orecchio, che è molto forte, altrimenti non sarebbe necessario.

Io che ho imparato tanto repertorio da piccolo, le posso dire che tutto quello che ho imparato fino a venticinque anni è come stampato, commetto errori di memoria come tutti, però è come stampato per sempre. Tutto ciò che ho memorizzato dopo i venticinque anni è invece molto più fragile.

Adesso ho ventiquattro anni...

Conversazione su *Carmen**

Girardi

Dovendo noi parlare di un'opera, mi sembra buona cosa partire dal sottotitolo, ovvero dal genere cui fa capo. Nel caso di *Carmen,* si tratta di un'Opéra-comique.

Barenboim

Quanto al genere, certo: *Carmen* è un'Opéra-comique che riflette, nella sua alternanza tra parti cantate e parti recitate, le convenzioni di tal tipo di spettacolo. Quanto al contenuto drammatico, però, il fatto che sia un'opera *comique* non deve trarre in inganno perché in alcune sue parti c'è buonumore ma in altre c'è tragedia. Come nelle opere di Mozart su libretto di Da Ponte, la musica non è mai comica *o* tragica ma è sempre comica *e* tragica. Piange e ride allo stesso tempo. Ed è proprio in ciò che consiste la grandezza della musica, l'unica invenzione dell'essere umano che permetta di mettere insieme cose che nella vita normale insieme non potrebbero stare.

* La presente conversazione (Aula Magna dell'Università Cattolica di Milano, 24 novembre 2009) è stata organizzata per presentare l'edizione di *Carmen* che ha inaugurato la stagione d'opera 2009-2010 del Teatro alla Scala. All'incontro ha preso parte anche Emma Dante, regista di tale produzione.

Girardi

A proposito di "mettere insieme", ci sono materiali colti, raffinatissimi che convivono con materiali di radice folcloristica...

Barenboim

Sì, ma attenzione. Se in *Carmen* c'è qualcosa di folcloristico, non si tratta solo di folclore iberico. Spesso quest'opera di Bizet viene considerata come un insieme di pezzi popolari spagnoli, ma il pezzo più famoso è la *Habanera*. La parola stessa dice che viene da L'Havana. E dunque non ha niente a che fare con il mondo iberico. A quel tempo, la musica cubana era fortemente influenzata dalla musica africana. Quindi, se vogliamo intellettualizzare il discorso, la cosa più interessante, musicalmente parlando ma forse anche scenicamente, è il fatto che nell'Ottocento ci fosse questa specie di triangolo musicale che univa l'Africa, Cuba e la Spagna e che è arrivato fino a noi attraverso gli occhi di un colonialista culturale francese, Georges Bizet. Diversamente da Verdi, che per scrivere *Aida* aveva studiato il lessico musicale egiziano, Bizet deve aver rielaborato qualcosa di questo triangolo che lo aveva colpito.

Tra l'altro, cosa hanno in comune l'Africa, Cuba, la Spagna e, in genere, il Sud? Il calore. La passione. L'idea dunque di una musica che brucia. Non dico che la passione sia appannaggio del Sud. Basti pensare a quanta passione circola nella musica di Čajkovskij. Ma nella musica russa – questo l'ho imparato da Mravinskij – il calore si alterna a momenti in cui anche il freddo è strumento d'espressione: una passione non meno intensa ma "congelata". *Carmen* invece è già "riscaldata" prima che si alzi il sipario e rimane opera ad alta temperatura per le oltre tre ore della sua durata.

Girardi

E quanto di questo calore proviene dal ritmo?

Barenboim

C'è molto ritmo nella *Carmen*. Ed è una qualità di ritmo che ha molto a che fare con quel tipo di fierezza che è propria della cultura iberica. Non è mai un ritmo molle. E tra l'altro, credo che la musica di carattere spagnolo che c'è in *Carmen* di solito la si esegue troppo veloce, perché uno che è fiero non corre.

Girardi

Tra la prima versione del 1875 e quella posteriore con le parti in "parlato" modificate in forma di recitativo da Ernest Guiraud, mi sembra che lei prediliga la prima. Perché?

Barenboim

A dire il vero, i recitativi di Guiraud sono molto ben fatti ma danno all'opera un peso, un passo drammatico più spigoloso, secco. Sia in *Fidelio* sia in *Carmen* a me interessa che non ci sia nulla di artificiale. Se il regista è bravo, è bello accorgersi, appena il pezzo musicale si conclude, che siamo a teatro. Dimentichi la musica. Poi qualche attimo più tardi la parola non basta più e la musica torna a essere necessaria. Mi piace la tensione che si instaura tra musica cantata e parola recitata (non parola cantata). Ed è una tensione che cresce. La difficoltà è duplice: avere un regista che sappia tener viva la naturalezza di questa tensione e avere cantanti che sappiano recitare, che sappiano pronunciare e, soprattutto, che conoscano il "rubato", l'intonazione esatta della lingua. Senza cantanti così, meglio far l'opera con i recitativi di Guiraud.

Girardi

Chi è il/la protagonista di *Carmen*? Dando al tema del destino quel peso strategico che esso ha nei momenti topici dell'azione, Bizet sembrerebbe dire che è appunto il destino, non le pare?

Barenboim

La prima opera che ho diretto è stata *Don Giovanni*, nel 1973. In sala c'era Dietrich Fischer-Dieskau, con il quale avevo già fatto tanti concerti ed ero ovviamente curioso di conoscere la sua opinione. Il grande baritono mi disse che in *Don Giovanni* devi sentire per tutto il tempo il coltello sotto la gola. Ecco, mi sento di dire lo stesso per *Carmen*: devi sentire il coltello sia sotto la gola sia dietro le spalle. Quello del destino è un tema fondamentale, ed è un destino che si presenta sotto forma di minaccia o di paura.

Girardi

Abbiamo detto che c'è tanta Spagna in quest'opera. Ma c'è anche tanta Francia. Cosa dà questo sapore, oltre alla lingua? Il colore del suono, il tipo di orchestrazione?

Barenboim

Carmen ha tanti elementi. Il ritmo innanzitutto, sia quello pigro sia quello acceso. Poi ci sono momenti di forte drammaticità come quelli delle opere di Wagner e ci sono aspetti armonici che ricordano Chopin. Ma quel legame tra il peso e il colore del suono, quello è tutto francese. È proprio cosa dei francesi. È un aspetto già rintracciabile nella musica di Rameau e Couperin, la cui produzione non si può trascrivere come è invece prassi fare nel caso di quella di Bach o Vivaldi. Questa linea coloristica è tutta francese: parte da Rameau e Couperin, e attraverso Berlioz, Bizet, Fauré, Franck, Debussy e Ravel arriva fino a Boulez. È una linea connessa con la velocità, con il tempo della musica stessa. Che il tempo sia veloce o ritenuto, la dimensione del colore è sempre portata agli estremi. Il colore dei francesi è come la prospettiva in pittura: qualcosa in cui convivono le dimensioni dell'orizzontalità, della verticalità e della profondità. Inoltre, se si esegue la partitura così come è scritta, non si creano mai problemi di equilibrio tra buca e palcoscenico, perché le relazioni tra la parola e la musica, tra il testo e il suono, sono calcolate perfettamente.

Girardi
Quali sono i cantanti ideali per *Carmen*? Che tipo di cantanti occorrono?

Barenboim
Don José è il più difficile da trovare perché deve avere una certa leggerezza. Non è Radames né Tristano. Però ci sono momenti in cui deve avere peso. E non è facile trovare un tenore che riesca ad avere peso e leggerezza allo stesso tempo. Dunque, la parte di Don José è più complessa di quella di Escamillo, così come la parte di Carmen è più complessa di quella di Micaëla. Anche Carmen ha bisogno di un tipo di leggerezza quasi mozartiana ma ci sono momenti in cui questa sorta di Zerlina diventa una Isolde.

Girardi
Quante opere ha diretto finora? A quali è più affezionato? E a che punto sta *Carmen* in questa classifica?

Barenboim
Quella cui sono più affezionato è sempre quella che devo ancora dirigere. In ogni caso, non ho diretto tante opere, circa una trentina. Niente di paragonabile a quanto ha fatto il mio amico James Levine, che deve averne dirette più di

ottanta. Ma il fatto è che non mi considero un direttore d'opera. Fare le opere è parte della mia attività, come affrontare il repertorio sinfonico e quello pianistico. Ma non è la mia attività principale.

Girardi

Ci sono titoli che affascinano assai al primo ascolto ma assai meno agli ascolti successivi e titoli che lasciano freddi la prima volta ma appassionano sempre di più man mano che li si riascolta. *Carmen* invece è un caso raro di opera che conquista immediatamente ma appassiona ancor di più quando la si approfondisce. Non le pare?

Barenboim

Sono d'accordo. *Carmen* è una sintesi eccezionale, da un lato di semplicità e immediatezza, dall'altro di complessità. Non è solo una cosa né solo l'altra. E quello che lei dice sull'opera vale anche per l'allestimento che ci accingiamo a fare alla Scala. Spero che piaccia da subito. Ma se piace, consiglio di tornare a vederlo più di una volta, perché l'uomo non può separare l'occhio dall'orecchio. E qui c'è tanto da ascoltare e tanto da vedere. D'altra parte Wolfgang Wagner, per più di cinquant'anni direttore al Festival di Bayreuth, era solito dire che riusciva a farsi un'opinione di una produzione d'opera solo dopo avervi assistito per almeno quattro o cinque volte.

Conversazione su *Die Walküre**

Girardi

C'è una tale ricchezza di temi di cui potremmo parlare, nel caso della *Valchiria* e del ciclo dell'*Anello del Nibelungo*, di cui l'opera fa parte, che è difficile decidere da quale iniziare...

Barenboim

...allora partiamo dal fatto che Wagner è stato un genio, lo sanno tutti, anche quelli che lo detestano. La ragione di ciò consiste nel fatto che egli ha sempre cercato connessioni tra elementi che normalmente non possono coesistere, come l'acqua e il fuoco, il naturalismo e il simbolismo, la naturalezza e la manipolazione: questo vale per la musica, per il teatro, per il pensiero. In Wagner c'è una connessione permanente tra tutte le cose.

Girardi

Ed è a causa di questa "manipolazione" che Wagner lo si ama o lo si odia senza mezze misure?

* La presente conversazione (Aula Magna dell'Università Cattolica di Milano, 22 novembre 2010) è stata organizzata per presentare l'edizione di *Die Walküre* che ha inaugurato la stagione d'opera 2010-2011 del Teatro alla Scala. All'incontro ha preso parte anche Guy Cassiers, regista di tale produzione.

Barenboim

Senz'altro. La manipolazione genera reazioni estreme. Forse che Bach, Beethoven, Mozart o Verdi non sono stati giganti? Certo che sì, ma perché ci sono Società wagneriane in tutto il mondo e non ce ne sono altrettante dedicate a questi compositori? Wagner è come se avesse bisogno di prenderti solo per lui stesso e farti suo.

Girardi

Ma come avviene questa manipolazione?

Barenboim

Prendiamo l'orchestrazione. Wagner inventa sonorità inedite, per esempio scrivendo degli *unisono* di tromba e corno inglese. L'effetto è speciale. In quella fusione non ti lascia sentire cosa sta succedendo: non senti né la tromba né il corno inglese, sebbene entrambi abbiano un timbro così riconoscibile e particolare. Ti fa sentire una specie di "tromblese". Oppure osserviamo le dinamiche. In Wagner i *crescendo* e i *diminuendo* sono sempre calcolati in relazione al tempo, perché un *crescendo* che dura quattro misure è il doppio più lento dello stesso *crescendo* indicato lungo due misure. Wagner conosceva perfettamente questa matematica della velocità delle dinamiche. Di ogni variazione dinamica ti fa sentire tutti i gradini intermedi. E sfruttava questa "matematica" per creare situazioni sonore sconosciute ai suoi predecessori. Perciò quelli che non lo amano, lo detestano. Si sentono presi da queste manipolazioni, si sentono "schiavi" del suo pensiero e della sua immaginazione, mentre lo stesso non accade quando ascoltano Bach, Verdi o Mozart. Con questi ultimi compositori non succede la stessa cosa perché, quando esprimono certi sentimenti, è come se si mettessero dalla parte dell'ascoltatore, è come se glieli spiegassero.

Un altro esempio? Prendiamo il testo. Tutti sappiamo che

è importante che i cantanti capiscano cosa cantano. Elementare. Ma con Wagner non basta. Non basta sapere che la parola tedesca per morte è *Tod* e per amore è *Liebe*. Non basta perché Wagner ha calcolato perfettamente il suono della sillaba con il suono di ogni nota, come nessun altro ha fatto. Perciò le articolazioni, che possono essere molto lunghe o molto corte considerando che il tedesco ha parole molto lunghe o molto corte, si devono cantare in modo appropriato a seconda che la parola abbia una sillaba sola o ne abbia sette o otto. E un'ulteriore forma di manipolazione si rintraccia laddove sfrutta la relazione sonora tra consonanti e vocali e le allitterazioni, creando sonorità – si pensi alla dominanza dei fonemi "f" e "sch" nel monologo di Wotan del Secondo atto della *Valchiria* – che sono suono e significato allo stesso tempo, perché quel suono dà esattamente l'idea di quello che il personaggio sta esprimendo o di quello che sta succedendo in quel momento. Tutto ciò è molto affascinante.

Insomma, se devo sintetizzare tutto ciò in una frase, direi che la passione per Wagner deriva dal fatto che la sua musica è così complessa: ma dico complessa, non complicata! Complessa nel senso che mette insieme parecchi elementi semplici in un modo tale da farli diventare complessi, cosicché per capirla devi cercare il modo di passare a ritroso dalla complessità dell'insieme alla semplicità degli elementi che ne fanno parte.

Girardi

Quando si parla di contrappunto – cose diverse che convivono – si pensa sempre alla trasparenza necessaria per rendere riconoscibili gli elementi che ne fanno parte. Ma spesso si confonde il termine "trasparenza" con il termine "leggerezza", come se quella dipendesse da questa, mentre a me sembra che nelle sue letture wagneriane trasparenza e suono, trasparenza e pienezza non sono concetti contrapposti, anzi convivono perfettamente...

Barenboim

Chiaramente! Quello che lei dice c'entra con quello che in tedesco si chiama *Zeit und Raum*, il tempo e lo spazio in quanto tempo...

Girardi

Sì, ma come convivono?

Barenboim

Una volta a Vienna l'archivista del Teatro dell'Opera mi chiese se fossi interessato a vedere la partitura del *Tristano* diretta da Mahler, che come sapete è stato uno dei massimi direttori wagneriani. Ovvio che sì. E la cosa che mi ha colpito di più è che, ogni volta che sulla partitura c'era un *crescendo*, Mahler sottolineava questo termine per certi strumenti o lo cancellava per certi altri, a seconda del peso degli strumenti stessi. Perché se per esempio un trombone fa un *crescendo* insieme con il secondo flauto, è chiaro che il *crescendo* di quest'ultimo non "passa". Mahler, non a caso, è stato il primo compositore ad avere indicato nelle sue partiture le dinamiche individuali per singoli strumenti o per gruppi di strumenti. Ha cioè sviluppato la concezione wagneriana dell'orchestrazione. Certi unisoni di clarinetti e viole, per esempio, sono indicativi: le viole vanno dal *pianissimo* al *fortissimo* in quattro misure e i clarinetti, suonando le stesse note nello stesso tempo, vanno viceversa dal *fortissimo* al *pianissimo*. Succede dunque che si assiste a uno straordinario cambiamento di colore, direi un cambio di luce; ma il volume rimane lo stesso, perché si mantiene la stessa "relazione geometrica". Anche il modo con cui Mahler realizzava i *diminuendo* di Wagner sono interessantissimi. Se doveva passare dal *fortissimo* al *pia-*

nissimo in quattro battute, faceva diminuire per primi le trombe e i tromboni, poi i corni, poi i clarinetti e poi gli strumenti più gravi, ché altrimenti non si sentono. Dunque, realizzava l'idea di Wagner calcolando sistematicamente ogni effetto. Vedere questo è stata per me un'esperienza straordinaria. Sembra una cosa da poco perché ogni direttore d'orchestra che abbia un minimo di orecchio sa che il trombone suona più forte del flauto. Ma Mahler l'ha fatto in modo così rigoroso e preciso che ho imparato da lui cosa dà trasparenza all'esecuzione senza nulla togliere al peso e al volume del suono.

Girardi

Mahler manipolatore di un manipolatore, dunque.

Barenboim

Sì, ma aspetti, ancora un esempio. Quante volte Wagner scrive *forte-subito piano*. Già nelle primissime battute della *Valchiria* questo accade. Bene, in tal caso la maggior parte delle orchestre realizza la cosa facendo una specie di *diminuendo* naturale. Ma per quanto possa esser rapido, questo *diminuendo* naturale non sarà mai esattamente un *forte-subito piano*. Bisogna invece avere il coraggio di andare fino al precipizio, addirittura marcando ancor più l'ultimo suono forte e poi fare un piccolissimo taglio appena prima del *subito piano*, che in realtà non si sente perché resta la riverberazione dell'ultimo suono forte. Se si fa così, si realizza veramente il *subito piano* perché quel minuscolo "rubato" permette all'esecutore di passare dal tanto arco al poco arco, oppure dal tanto fiato al poco fiato.

Anche questo è tutto calcolato. In altre parole, se Wagner avesse avuto una macelleria, avrebbe fatto i migliori hamburger perché avrebbe saputo perfettamente quanti grammi di manzo, quanti di maiale, e quali altri ingredienti metterci e come miscelarli. Così faceva con il suono.

Girardi

Dopo tanto Wagner a capo di orchestre tedesche, ora con *La Valchiria* siamo al terzo Wagner con l'Orchestra della Scala dopo il *Tristano* e *L'oro del Reno*...

Barenboim

Sì ma sono tre mondi diversi. In Germania tendono a pensare, sbagliando, che Verdi è sempre Verdi, che si suoni *La traviata*, *Nabucco* o *Falstaff*. Così, nei paesi fuori dalla Germania si pensa che Wagner sia tutto lo stesso. Invece non è così. Gli stessi titoli della *Tetralogia* rappresentano mondi sonori molto differenziati. Se posso fare un'allusione ad altri compositori, che non va presa troppo sul serio, direi che il Secondo atto della *Valchiria* e certi passaggi del *Crepuscolo degli dei* ricordano un po' la musica che è venuta dopo Bruckner. *Siegfried* ricorda Berlioz; gli aspetti leggeri dell'*Oro del Reno* o del Terzo atto del *Crepuscolo* – Wagner si rivolterà nella tomba – ricordano Mendelssohn. Ripeto, sono opere diverse. La monumentalità dei grandi momenti della *Valchiria* e ancor di più la loro preparazione non esiste nell'*Oro del Reno*, che credo si possa definire un pezzo di conversazione. Né *L'oro del Reno* né *La Valchiria* hanno la necessità di essere suonati così brillanti come il Primo atto di *Siegfried*. Poi arriviamo al Prologo del *Crepuscolo degli dei* e ci sembra di essere a Notre-Dame. Certi momenti del *Tristano*, specie nel Primo atto, sembrano i meno tedeschi di Wagner, vi si sente l'influenza di Liszt, Berlioz e altri. Si paragona sempre il Primo atto della *Valchiria* con il Secondo del *Tristano*, in quanto sono atti incentrati sul tema dell'amore, con tutto lo slancio che ne consegue. Però il Secondo atto del *Tristano*, come ha ben mostrato Patrice Chéreau, è incentrato sul tema della morte. Insomma, non c'è un Wagner, ce ne sono tanti e l'Orchestra della Scala è sufficientemente curiosa da volerli approfondire tutti, uno dopo l'altro. Perciò ho un piacere enorme a fare musica con questa orchestra, con la quale mi accorgo sempre di cose nuove.

Girardi

In ogni caso, *La Valchiria* resta il più popolare dei quattro titoli del *Ring*?

Barenboim

E probabilmente è l'unica che si può fare da sola, anche indipendentemente dall'essere parte del ciclo dell'*Anello*.

Girardi

Parlando della propria messinscena, Guy Cassiers ha detto che se nell'*Oro del Reno* bisognava far convivere acqua e metallo, nella *Valchiria* gli elementi fondamentali sono il fuoco e il legno, intesi come simbolo di Natura e Cultura. Ha poi aggiunto che il dramma famigliare che si consuma nella *Valchiria* può essere visto come specchio del dramma sociale e politico dell'Europa del XIX secolo, che andava disgregandosi: un conflitto, quello tra la generazione di Wotan e le generazioni successive, paragonabile a quello odierno tra forze centrali che vorrebbero unire l'Europa e forze periferiche che temono che un'Europa unita possa provocare la perdita della loro identità culturale.

Barenboim

È un punto di vista piuttosto interessante, che mi fa essere molto pessimista sul destino dell'Europa, perché se si può trovare un modo affinché il metallo continui a esistere nell'acqua, è impossibile che il legno continui a esistere nel fuoco. Nel fuoco il legno brucia, ed è esattamente quello che accade adesso in Europa. E se il legno è veramente la cultura, c'è poco da stare allegri. Noi oggi assistiamo inermi allo spettacolo dell'impotenza della politica europea, che non ha mai saputo come unirsi veramente né come avere una politica comune al cospetto di altri paesi, come gli Stati Uniti o la Cina, il Brasile o l'India. Questo dipende dal fatto che vendiamo ai cinesi i nostri segreti per fare le macchine e tante altre cose (e loro, che sanno copiare meglio di tutti, faranno la loro versione molto più a buon mercato in tre o quattro anni), ma non mostriamo, e quindi perdiamo, il nostro legno; non mostriamo, e quindi perdiamo, la nostra cultura, siamo così stupidi. Quello che è veramente unico in Europa è la nostra cultura.

Conversazione su *Don Giovanni**

Girardi

Tra una settimana lei diventa ufficialmente il direttore musicale del Teatro alla Scala. Che effetto le fa?

Barenboim

Se il pubblico applaude, sono contento.

Girardi

Non tocca a me spiegarle a quante e quali rogne va incontro. A volte l'ambiente dentro e fuori il teatro è un po' isterico. Lei lo sa, vero?

Barenboim

Non mi piace la parola "isteria". Diciamo "esaltazione". In Italia questa esaltazione non c'è solo alla Scala. È una qualità che si sente proprio nella vita. Ed è una qualità più italiana che latina, perché in Spagna non si sente e in Francia neanche. Viene dal fatto che voi italiani avete una capacità d'entusiasmo assai speciale e avete un'attitudine altrettanto spe-

* La presente conversazione (Aula Magna dell'Università Cattolica di Milano, 24 novembre 2011) è stata organizzata per presentare l'edizione di *Don Giovanni* che ha inaugurato la stagione d'opera 2011-2012 del Teatro alla Scala.

ciale a perdere il senso della misura. L'esaltazione è effetto di ciò. A me l'esaltazione non piace, meglio però l'eccesso che la mancanza di espressività.

Girardi

Ma i tedeschi non sono un po' gelosi dell'incarico milanese? Lei è direttore musicale a vita della Staatskapelle Berlin, direttore musicale della Staatsoper unter den Linden... Non temono di essere trascurati?

Barenboim

Francamente penso di no. Sarebbe stato diverso se avessi accettato questo incarico dopo uno o due anni di lavoro con loro. Ma dopo tanti anni penso di no. E poi a Berlino il pubblico sa bene che questo doppio incarico significa, tra le altre cose, che amplieremo le coproduzioni. Quando si parla di coproduzioni si pensa sempre che la loro ragion d'essere sia il risparmio nei costi d'allestimento. Ma non si tratta solo di questo. Se si coproduce un titolo raro, comunque non di repertorio, come è stato nel caso del *Giocatore* di Prokof'ev, i cantanti sono più invogliati a studiare una parte nuova sapendo che la interpreteranno sia a Milano sia a Berlino. Secondo vantaggio: se lo spettacolo è buono (se è brutto meglio dimenticarlo subito), man mano che matura passando da un teatro all'altro, da un'orchestra all'altra, da un coro all'altro, acquista una compiutezza che non può avere dopo poche recite. Me ne sono accorto ancora recentemente, quando abbiamo fatto a Berlino quella produzione di *Da una casa di morti* di Janáček che era nata a Vienna magnificamente diretta da Pierre Boulez, e che poi era stata ripresa in Olanda, al Met e, appunto, alla Scala. A Berlino è stata diretta da Simon Rattle molto bene. Ma intanto – l'ha detto Patrice Chéreau, che ne aveva firmato la regia – lo spettacolo si era sviluppato, aveva raggiunto una maggiore compiutezza. Dunque, il fatto di essere attivo in due teatri può avere anche vantaggi.

Girardi

Don Giovanni è stato il primo titolo d'opera che lei ha diretto, giusto?

Barenboim

Non solo il primo che abbia diretto, ma anche il primo al quale abbia assistito da bambino. Se non ricordo male, infatti, a Buenos Aires ho sentito molti concerti – rivedo Furtwängler dirigere la *Passione secondo Matteo* di Bach, Adolf Busch suonare il *Concerto per violino* di Beethoven – ma nessuna opera. D'altra parte i miei genitori erano insegnanti di pianoforte e dunque più vicini alla musica strumentale. Ma quando siamo venuti in Europa, ho avuto la grandissima fortuna, undicenne, di poter suonare per Furtwängler, che mi ha preso sotto la sua...

Girardi

... sotto la sua ala?

Barenboim

Sì, stavo dicendo "sotto la sua protezione" ma questo sa già di *Don Giovanni*... Insomma, mi ha fatto venire alle prove. Ho avuto così la fortuna di stare seduto a fianco del cembalista per le ultime prove e per tutte le recite che volevo. Questo è il mio primo ricordo del *Don Giovanni*. E quando l'ho diretto per la prima volta, precisamente ventinove anni dopo, ebbi l'impressione, studiandone la partitura, di conoscerla già a memoria. In ogni caso, *Don Giovanni* è stata la prima opera che abbia visto e la prima che abbia diretto.

Vi dico la verità. Io non volevo dirigere opere e non mi considero neanche oggi, dopo tanti anni, un direttore operistico, per lo meno non mi considero tale in un senso convenzionale. Non ho quel tipo di curriculum: non sono uno che ha iniziato a lavorare in teatro come ripetitore, come pianista accompagnatore, come sostituto, come direttore delle bande fuori scena, e poi come secondo, come primo in teatri piccoli e poi finalmente come primo in teatri importanti. Tanti grandi direttori tedeschi hanno fatto questa trafila, come Bruno Walter e Herbert von Karajan. Io no. Sono arrivato all'opera dopo ventitré anni di palcoscenico come pianista, camerista e direttore sinfonico. Pensavo di continuare così finché un giorno il direttore del Festival di Edimburgo, Peter Diamand, non mi propone di fare *Don Giovanni*. Recalcitro. Ma insiste. Dice che da come suono i *Concerti per pianoforte* di Mozart, passare alle opere di Mozart-Da Ponte sarebbe la cosa più normale. Continuo a negarmi finché non mi propone di farlo con la mia compagine d'allora, la English Chamber Orchestra. Del direttore d'opera mi mancava la conoscenza della "logistica", ossia quell'insieme di segreti che il *Kapellmeister* tedesco, che ha fatto quel tipo di trafila che ho appena spiegato, conosce alla perfezione per essere abituato a fare qualunque titolo con poche prove. Il fatto però di poter lavorare con l'orchestra che conoscevo di più e di poter dedicare alla produzione le prove necessarie per curare non solo la logistica ma anche le mille sottigliezze di un titolo come *Don Giovanni* mi ha indotto infine a cedere.

Girardi

Correva l'anno?

Barenboim

1973. Ma posso continuare a raccontare la storia? So che lei vuol parlare di cose serie ma mi lasci finire! Dunque, dopo che ho accettato l'incarico, il direttore del Festival di Edimburgo mi chiede se avessi idea di quale regista scritturare.

Non ne avevo idea. Allora Diamand mi fa la proposta un po' folle di parlarne a quel grandissimo uomo che era Peter Ustinov, l'attore: non aveva mai fatto teatro musicale, ma da qualche tempo sembrava interessato a lavorare anche come regista. Prendiamo appuntamento con lui e andiamo a fargli visita a Losanna, dove ci invita a mangiare in un posto strano, il ristorante di un autogrill: un locale rustico, dove sui tavoli c'erano tanti tovaglioli di carta. Diamand inizia a parlare mentre lui sembra scarabocchiare sui tovaglioli, e questa strana conversazione – in realtà un monologo di Diamand su tale nuova eventuale produzione – prosegue a lungo, finché Diamand non chiede: "Allora, ti va di farlo?", e lui, mostrando i tovaglioli, risponde: "Guarda, ho già disegnato tutti i costumi!". Era veramente un genio. Mi sono divertito da morire e ho capito grazie a lui tutto ciò che riguarda la parte giocosa di *Don Giovanni*. E poi vedere questo uomo supergrosso qual era Ustinov mostrare a Zerlina come muoversi sul palcoscenico con l'eleganza di una ragazzina, era da filmare, era proprio straordinario.

Girardi

Lei dice che voglio parlare di cose serie, invece è tutto il contrario, vorrei parlare di cose buffe. Perché spesso ci si dimentica che *Don Giovanni*, per quanto tragico ne sia l'assunto drammatico, è a tutti gli effetti un'opera buffa. Struttura, disegno formale, tipologia dei numeri musicali e relativa disposizione, tipologia dei personaggi e dei registri vocali: tutto conferma che è un'opera buffa. Eppure si pone più spesso l'accento su *Don Giovanni* come opera "romantica", tutta nera, cupa, tragica. Come stanno le cose, secondo lei?

Barenboim

Vero, ma questo succede perché tanti scrittori, poeti e filosofi (pensiamo a Kierkegaard o a Camus, per dire solo i primi che mi vengono in mente) hanno trasformato *Don Giovanni* in un mito. Non dobbiamo dimenticare che la differenza tra *Don Giovanni* e *Le nozze di Figaro* o *Così fan tutte* è che *Don Giovanni* è un mito. E forse è questo il motivo per cui *Don Giovanni* arriva sempre ammantato di romanticismo e tragicità. Sulla partitura c'è scritto "Dramma giocoso"...

Girardi

Ecco appunto un'ulteriore conferma di quanto dicevo, poiché un'alta percentuale di opere buffe settecentesche reca questo sottotitolo...

Barenboim

Sì, è corretto dire così perché il sostantivo "dramma" identifica semplicemente il fatto che non si tratta di un testo lirico o narrativo ma di un testo teatrale. Ciononostante penso che Mozart, un austriaco che parlava tedesco come prima lingua, vedeva nella parola "dramma" qualcosa di più. Non a caso *Le nozze di Figaro* non ha questo sottotitolo. Fatto sta che ogni volta che la situazione è buffa da un lato oggettivo, è contemporaneamente tragica sul piano soggettivo; e vale anche il contrario: quando c'è una situazione soggettiva buffa, la situazione generale oggettiva è tragica. Per esempio, la celebre aria del catalogo cantata da Leporello è emblema del buffo. È proprio un numero di buffoneria. Però in quello stesso momento la povera Elvira si trova in una situazione tragica. Ed è per questo, tra l'altro, che è un grande sbaglio tagliare, come avviene in tante esecuzioni, il piccolo recitativo che c'è tra l'aria del catalogo e l'entrata di Masetto e Zerlina, "Giovinette che fate l'amore", perché in quel piccolo recitativo viene fuori tutta la sofferenza di Elvira. Perciò nel 1994, quando ho fatto l'opera con Patrice Chéreau, fummo sul punto di decidere, proprio per rafforzare il concetto, di inserire in quel punto l'aria "Mi tradì". Poi giustamente abbiamo abbandonato l'idea perché "Mi tradì" è bene che arrivi più tardi, quando Elvira ha amaramente appreso tante altre cose. Ma il fatto di essere indotti a decidere in quel senso è già indicativo di per sé.

Girardi

Come deve essere il rapporto tra aria e recitativo?

Barenboim

Troppe volte aria e recitativo vengono considerati come elementi staccati l'uno dall'altro. Pensate che al tempo in cui ancora si eseguivano le opere in traduzione ritmica, mi toccò fare un *Così fan tutte* a Berlino con i recitativi in tedesco e le arie in italiano (una produzione peraltro eccellente, Ruth Berghaus ne firmava la regia): insomma, una separazione totale tra i due elementi. È un grosso errore, perché ci sono momenti in cui tra l'uno e l'altro ci deve essere una cesura, ma ci sono anche momenti in cui c'è interazione, in cui il recitativo "scivola" in modo fluido e lineare nel numero musicale: il recitativo che precede il duettino "Là ci darem la mano", per esempio, dice: "Quel casinetto è mio / **là** soli saremo / e **là** gioiello mio / ci sposeremo" e poi inizia immediatamente il numero musicale con "**Là** ci darem la mano / **là** mi dirai di sì". La presenza dello stesso avverbio di luogo due volte alla fine del recitativo e due volte all'inizio del duettino ci fa capire quanto sia fluido il passaggio tra i due elementi.

Girardi

Nel Singspiel, opera comica tedesca, o nell'Opéra-comique, opera comica francese, c'è sempre il tema del fantastico: maghi, streghe, elfi, folletti, elementi sovrannaturali. In queste opere non farebbe nessun effetto una statua che parla. Ma nella tradizione dell'opera buffa, che proviene dalla commedia goldoniana, dove tutto è realistico, un po' d'effetto lo suscita eccome. Non le pare?

Barenboim

Fino alla scena del cimitero *Don Giovanni* è tutto realistico, mentre la dimensione metafisica arriva a tre quarti dell'opera, quando appunto la statua del commendatore dialoga con il protagonista. E questo naturalmente complica molto le cose per il regista. Perciò ci deve essere un taglio davvero marcato tra il *Don Giovanni* fino a lì e il *Don Giovanni* da lì in poi. È come nel *Tristano*: nel Primo atto, nel Secondo e nella prima metà del Terzo tutto ciò che accade è plausibile. Ma poi? Tristano muore per l'effetto delle ferite, ma Isotta di cosa muore? Il celeberrimo *Liebestod* di Isotta non ha niente di realistico.

Girardi

Tanti registi risolvono quel problema decidendo che è tutto uno scherzo, anche la morte di Don Giovanni. Sono gli stessi registi che poi fanno riapparire il libertino vivo e vegeto mentre gli altri personaggi, convinti della sua morte, cantano la morale della storia raccontando quel che faranno ora che il "mostro" non c'è più. È una soluzione stupida secondo lei?

Barenboim

In assoluto no. Secondo me in teatro si possono fare tante cose diverse. Si può raccontare una storia in modo naturalistico, metafisico, simbolico, astratto, purché non ci si dimentichi di raccontare la storia. La storia, ripeto, la si può raccontare in mille modi, non necessariamente convenzionali (al tempo di Mozart non c'era la luce elettrica, ma questo non significa che noi oggi dobbiamo metterlo in scena a lume di candela!), ma senza sostituire il sottotesto del regista al testo vero e proprio.

In ogni caso, se Don Giovanni ricompare o no, penso che questo non sia un problema così importante: se non appare, significa che è morto, punto; se appare è, come dire, l'altra faccia della moneta di una statua che parla. Se un commendatore di pietra può parlare, figuriamoci se un mito come Don Giovanni non può ritornare dopo la morte.

Girardi

Un'altra curiosità. Nel recitativo accompagnato che precede la sua aria del Primo atto, Donna Anna racconta al fidanzato Don Ottavio cos'era successo quella notte, ossia ciò che noi dovremmo vedere durante il primo numero dell'opera. E lì, dati anche i numerosi elementi di ambiguità che attraversano il libretto e la partitura, è più che legittimo porsi la domanda se lei gli stia dicendo la verità, perché dalla risposta a questa domanda dipendono tante scelte su come considerare il personaggio di Don Giovanni, oltre che della stessa Donna Anna. E a me vien proprio da pensare che lei fosse assai poco vittima di un'aggressione sessuale, come dice, ma molto consenziente.

Barenboim

D'accordo, è evidente che non dice la verità. Quanto invece alla Prima scena del Primo atto, la musica non dice se lei è stata sedotta con l'inganno o se era consenziente. Non c'è niente della musica che parla di questo. Mentre lei parla di tormenti, la musica continua a essere piuttosto leggera. In quel punto dunque musica e libretto non vanno nella stessa direzione. In tanti altri punti invece vanno perfettamente a braccetto. In altri ancora sembrano rapportarsi in modo ambiguo, e ora gliene farò un esempio. Ma anche queste scelte fanno parte delle mille sorprese dell'opera. Basti pensare come certe sottigliezze armoniche si legano ai doppi sensi di Da

Ponte: doppi sensi che Mozart, che sapeva bene l'italiano, ha non solo compreso ma esaltato.

Girardi

Don Giovanni è una di quelle partiture i cui dettagli, anche i minimi, vanno rispettati alla lettera, in quanto perfettamente calcolati, oppure la si può eseguire con un certo ragionevole grado di libertà?

Barenboim

Dobbiamo partire dal presupposto che testo e musica vanno inestricabilmente insieme. Non si può capire il testo senza la musica perché la musica dà la chiave di lettura delle mille sfumature del libretto. Quando i registi lavorano sul libretto trascurando la musica, la messinscena non funziona. La musica chiarisce il testo alla lettera ma anche nello spirito. Ecco l'esempio al quale accennavo prima. Quando Don Giovanni si rivolge a Donna Elvira dicendole: "Elvira, idolo mio...", l'accento non cade sulla prima sillaba di "idolo" ma sulla seconda, sicché sembrerebbe dire: "idòlo". Per lungo tempo ho pensato che fosse un errore di prosodia, nemmeno Mozart era infallibile. Invece poi – è stata una cantante intelligente come Barbara Frittoli a suggerirmelo – ho capito che si trattava di un errore voluto che mette in rilievo l'ironia con la quale Don Giovanni si sta prendendo gioco di lei.

Girardi

Nell'introduzione strumentale di "Vedrai carino", l'aria che Zerlina canta rivolgendosi a Masetto nel Secondo atto, c'è una figura musicale abbellita da un'appoggiatura, ma quasi tutti gli esecutori la fanno come se vi fosse un'acciaccatura, perché così tornano meglio i conti quando il soprano inizia a cantare su quello stesso motivo. Così sembra più naturale. Allora ripeto la domanda, la partitura va rispettata alla lettera oppure la si può interpretare con un ragionevole grado di libertà?

Barenboim

Io scelgo l'acciaccatura perché va meglio col testo, è più "sul tempo". Ma non sono fondamentalista: se trovi una ragione per farlo sul tempo, fallo sul tempo; se trovi una ragione per farlo prima del tempo, fallo prima del tempo.

Girardi

Una curiosità: *Don Giovanni* è un'opera in cui fior di direttori, fior di registi e fior di cantanti non hanno dato il meglio di loro stessi. Naturalmente non faccio l'elenco, ma lei sa che sarebbe lunghissimo. Perché?

Barenboim

No, non è che i direttori e i registi non danno il meglio di loro stessi in *Don Giovanni*, il fatto è che l'opera è molto più difficile di tante altre. Per il regista è quasi insolubile, prende una decisione che sembra giusta e poi paga il prezzo perché afferra un concetto e gliene scivola via un altro. E anche per il direttore d'orchestra è molto difficile perché c'è questa permanente coabitazione dell'elemento umoristico e dell'elemento tragico.

La grandezza di Mozart è unica. Mozart è così geniale, così unico perché non tollera l'esagerazione. Le esagerazioni non sono mai giuste, ma la musica di Mahler, di Čajkovskij, persino di Beethoven le può tollerare. In Mozart, se vuoi sottolineare qualcosa sei rovinato, perché finisci col forzare la naturalezza, la semplicità e l'immediatezza del discorso. In altre parole, Mozart dice le parole più complesse e profonde nella maniera più semplice.

Epilogo

In memoria
Dietrich Fischer-Dieskau*

Nella storia sono stati numerosi i compositori eccezionali di cui apprezziamo l'opera ma che tuttavia non hanno avuto un impatto significativo nello sviluppo della musica. Solo un numero molto limitato di compositori ha saputo compendiare tutto ciò che fino a quel momento era esistito in musica e spianare la strada per il futuro: Bach, Schönberg, Wagner e Beethoven sono esempi memorabili di un simile spirito rivoluzionario. La situazione è analoga per quanto riguarda gli esecutori.

Dietrich Fischer-Dieskau è stato uno di questi artisti rivoluzionari. Debuttò a ventiquattro anni, cosa per niente comune a quell'epoca nel mondo della musica, dove era allora imperante un pensiero molto più stereotipato di oggi. Si dava per scontato che un cantante si dedicasse o all'opera o ai Lieder, ma raramente a entrambi. Dietrich Fischer-Dieskau infranse queste rigide barriere ed eccelse in diversi generi musicali. Cantò senza pregiudizi di sorta opere di Mozart e di Verdi così come oratori, Lieder e brani contemporanei come il *Lear* di Reimann. Oggi pare ovvio che grandi inter-

* Maggio 2012.

preti si dividano tra l'opera e i Lieder, ma fu Dietrich Fischer-Dieskau l'iniziatore di questa tendenza.

Quando avevo dieci anni, assistetti al suo primo, o forse secondo, concerto a Vienna. Non avevo mai sentito niente di simile e ne rimasi completamente ipnotizzato.

La sua più grande conquista come artista è forse quella di aver dato una risposta all'eterna questione: "Prima la musica o prima le parole?", dimostrando come la domanda in sé sia pleonastica. Nelle sue interpretazioni infatti sapeva creare come pochi, prima e dopo di lui, un'unità fra testo e musica. Poneva l'accento sulla dizione ed enfatizzava le parole chiave variando il timbro della nota su cui la parola veniva cantata. Di conseguenza non chiariva solo il senso delle parole ma faceva sì che ogni sillaba e ogni nota suonassero insieme e creassero quindi un'armonia e un colore mai più raggiunti da altri.

Prendiamo per esempio la parola "morte": egli non solo ricorreva a un colore specifico nel pronunciarla (conscio della straordinarietà di tale parola), ma sapeva anche quale colore usare per la nota su cui era cantata. Con il suo speciale talento, creò una nuova dimensione di comprensibilità e intelligibilità del testo.

Ho imparato molto dalla nostra collaborazione venticinquennale. Fu lui ad aprirmi gli occhi e le orecchie su Brahms, Liszt e specialmente su Wolf. Grazie al lavoro comune sull'opera di Wolf acquisii una migliore comprensione della musica di Wagner e di Verdi. Fischer-Dieskau mi fornì i mezzi per lavorare con i cantanti in modo preciso e puntuale. Il nostro sodalizio per me è stato e sarà sempre una pietra miliare.

Fu anche il primo artista tedesco a esibirsi in Israele, e – cosa forse ancora più importante – il primo che vi tenne un concerto in lingua tedesca – perché fino ad allora la *Nona Sinfonia* di Beethoven era stata eseguita esclusivamente in inglese. Fu la sua arte inconfondibile a consentire alla popolazione ebreo-tedesca d'Israele di apprezzare nuovamente la lingua tedesca in musica.

La nostra fu un'amicizia davvero speciale e, se già negli ultimi vent'anni ho sentito la sua mancanza sulla scena, la sua perdita oggi è per me un vero dolore.

Epilogo verdiano*

Le mie prime esperienze musicali hanno sempre avuto a che fare con la tradizione centroeuropea, perché quello era il repertorio – Bach, Haydn, Mozart, Beethoven, Schubert, Schumann, Brahms, Dvořák, Wagner, Bruckner, ma anche i contemporanei come Stravinskij, Bartók, Prokof'ev e Šostakovič – che aveva caratterizzato la mia formazione.

Successivamente, stiamo parlando degli anni cinquanta-sessanta, decisi di aprire i miei orizzonti musicali affrontando altri territori: Chopin, Liszt, la "nuova musica" della Seconda Scuola di Vienna (Schönberg, Berg, Webern), che fino ad allora era eseguita poco, quasi unicamente nei festival di musica contemporanea, e la musica latina, degli spagnoli come Albéniz e Falla, dei francesi e degli italiani, Verdi in particolare.

Ricordo che quando iniziai a studiare le partiture verdiane non ne colsi immediatamente la grandezza, perché avevo l'impressione di una musica semplice. Non semplice-naturale come quella di Mozart ma semplice-elementare, per non dire "primitiva". Né capivo perché si dicesse fosse musica difficile sul piano – ora dico una parola che in realtà non mi piace – dell'interpretazione. Probabilmente mi sfuggiva qual-

* Settembre 2012.

cosa. Quando iniziai le prove del mio primo *Requiem* negli anni settanta a Parigi, mi domandavo cosa occorresse fare perché la musica venisse fuori in tutta la sua forza e bellezza, perché mi sembrava piuttosto elementare. E in ogni caso intuivo che dovevo cambiare alcune cose che mi venivano naturalmente, cioè in altre parole, che non potevo suonare Verdi come avrei suonato la musica di altre tradizioni. Questa consapevolezza mi venne dall'accorgermi che Verdi, come per altri versi Debussy in Francia, aveva cercato coscientemente di dare un'alternativa alla musica centroeuropea. Egli considerava, rispettava e amava gli autori del Centro-Europa ma allo stesso tempo creò un linguaggio alternativo al loro: un linguaggio che si basa su altri presupposti e che richiede un altro tipo di rigore esecutivo rispetto a quello necessario per fare un buon Beethoven o un buon Wagner.

Lo capii ascoltando anche certe esecuzioni della *Messa da Requiem* di Toscanini, di De Sabata e di Serafin, che sono molto diverse tra di loro – come sono diverse le esecuzioni di Klemperer, Furtwängler e Walter per la musica tedesca – ma che avevano un fondamentale aspetto in comune. Ossia, e questo è il punto: il rigore ritmico è una necessità in tutta la musica, perché il ritmo è il primo elemento che ne determina il carattere, ma in Verdi occorre anche un certo tipo di rigore nel tempo, c'è un rapporto ritmo/tempo diverso da quello della musica centroeuropea. Furtwängler diceva che la flessibilità del tempo è necessaria per esprimere il vero *melos* della musica. E che questa flessibilità quasi permanente nel tempo non è solo una possibilità ma anzi una necessità. Ma nella musica tedesca tale flessibilità è dettata soprattutto dai movimenti armonici mentre in Verdi è dettata soprattutto dalla melodia, che stabilisce un differente rapporto ritmo-tempo. È questo l'aspetto che in sede esecutiva determina un bisogno di rigore nel tempo molto più grande, perché se manca il rigore si tolgono forza e spazio alla libertà dell'espressione melodica, che è il cuore di questa musica. Questo aspetto, a prima vista, rende Verdi più "semplice" dei tedeschi, perché nella musica tonale l'armonia è più "forte" della melodia e ancora più forte del ritmo. Mi spiego: se si fanno quarantasei misure con la stessa armonia e la si cambia alla quarantasettesima, questa quarantasettesima reca con sé una forza espressiva che è quarantasei volte maggiore delle precedenti. E niente come un'opportuna flessibilità nel tempo fa emergere tale diversità di peso specifico. Se l'armonia dà vita a lunghe e continue transizioni che impongono una flessibilità ampia e generosa nel tempo, la melodia non consente più che piccoli "rubati". La melodia non lascia spazio alla transizione, richiede quel tipo di flessibilità che è contenuta in un attimo, impone molto più rigore nel tempo.

Questa consapevolezza ha poi preso forma man mano. Ricordo la linearità di fraseggio e la chiarezza di dizione di Pavarotti quando facemmo l'*Aida* nel 1982 a Berlino, ricordo con quale naturalezza impersonasse quello stile verdiano che andavo cercando. E poi ricordo l'intelligenza e la fantasia di Domingo – per me ancora oggi il suo è un modello esemplare di stile verdiano – quando incidemmo il *Requiem*: sapeva esattamente quando e come essere libero e flessibile nell'espressione e nei colori mantenendo il necessario rigore del tempo. Mi sembra che questa qualità sia un'espressione di grande umiltà perché la musica non permette il minimo di demagogia mentre chiede il massimo di personalità. Dopo tutto, il culto della personalità è meno grave del culto dell'anonimato.

Lungo questo percorso verso Verdi e il suo mondo ho poi capito come rapportarmi nei confronti dei suoi metronomi. Spesso i compositori scrivono tempi più veloci del necessario perché non hanno ancora davanti a sé il peso del suono che stanno creando. Qualche anno fa, quando provavamo la settima delle *Notations* a Chicago, dissi all'autore Pierre Boulez che i metronomi indicati mi sembravano troppo veloci perché emergessero tutta la trasparenza e la densità contenute nella sua musica. Glielo feci presente e lui mi chiese di provare con il metronomo che sentivo io per prendere una decisione alla fine delle prove. Aveva naturalmente ragione perché quella sul tempo è la decisione più importante che il musicista deve prendere, ma solo dopo aver esaminato a fondo il contenuto sonoro, ossia la giusta proporzione di densità e trasparenza. Ma come era possibile che un compositore di alto livello come Boulez, con tanta esperienza anche nella direzione d'orchestra, "sbagliasse" un metronomo? Me lo disse lui stesso, molto "alla francese": "Quando scrivo, cucino con l'acqua; quando dirigo, cucino con il fuoco!". E dunque, tornando a Verdi, i metronomi non sono la Bibbia; quello che deve essere la Bibbia sono però le relazioni tra di essi. Nel *Requiem* per esempio, il "Sanctus", così brillante, viene quasi sempre fatto più veloce del "Libera me", che è così drammatico, ma è un errore perché il metronomo del primo è 104 e del secondo è 116. Non importa se si fa 96 da una parte e 106 dall'altra, ma è fondamentale che la relazione sia rispettata. Non è una questione emozionale ma matematica. Lo stesso vale per il "Requiem aeternam" e il "Dies irae", pezzi i cui metronomi sono vergati entrambi a 80. Non è importante che si facciano esattamente a 80 ma è fondamentale che questa relazione sia mantenuta, sebbene il carattere e l'atmosfera espressiva dei brani, uno così sognante, l'altro così vigoroso, sia tanto diversa da sembrare antitetica. E quanto penso per i metronomi vale anche per le dinamiche, perché bisogna calcolare matematicamente in quanto tempo, ovvero lungo quante misure, produrre un cambiamento dal *piano* al *forte* o viceversa.

Trattandosi di musica italiana, in cui la melodia è parametro tanto decisivo, molti mi chiedono infine quanto margine di libertà vada lasciato ai cantanti: se sia meglio assecondarne la libertà di respiro e di fraseggio o se sia meglio tenerli entro gli argini del "tempo giusto". Rispondo che bisogna essere molto rigorosi con quelli che hanno la tendenza a essere troppo liberi e che bisogna essere molto liberi con quelli che non hanno la fantasia per esserlo.

Indice